「考える力」は
勝利への近道

才能発見

中村憲剛
KENGO NAKAMURA

文藝春秋

才能発見

「考える力」は勝利への近道

目次

はじめに

サッカー選手としての自分自身の足跡に、自分が一番びっくりしています。叩き上げのキャリアを築いた人物に、よく「雑草」という表現が使われます。2003年から20年まで現役でプレーした僕と同時期に活躍した選手では、岡崎慎司や長友佑都が「雑草」と形容されることがありました。

風雨にさらされても大地に根を広げる植物のような逞しさで、彼らは国内外で素晴らしいキャリアを築きました。僕自身も大いにリスペクトしていますが、彼らに「雑草」の表現が使われることにはちょっぴり違和感を覚えてしまうのです。

岡崎は兵庫県の滝川第二高校、長友は福岡県の東福岡高校の出身です。どちらも全国的に名前の知られる強豪です。岡崎は高校選手権に3年連続で出場して、高校卒業とともにJ1リーグの清水エスパルスに入団しました。

長友は関東大学リーグの明治大学へ進学し、全日本大学選抜やユニバーシアード代表に選出されます。こうした実績を残し、大学に在籍しながらJ1リーグのFC東京の一員としてJリーグにデビューしました。ふたりは08年の北京五輪に揃って出場し、日本代表としてワールドカップにも出場することになります。

僕はというと高校選手権に出場したことがなく、大学含めて学生時代は代表に選ばれた経験もありませんでした。J1のクラブにスカウトされたわけでもなく、J2で戦っていた川崎フロンターレの練習に大学4年生時に参加させてもらい、ようやく入団することができました。

そんな自分からすれば、岡崎も長友も、とても「雑草」には見えません。学生時代から素晴らしい経歴の持ち主です。

現役時代の僕は身長175センチ、体重66キロでした。身体のサイズとしては平均的で、足が特別に速かったわけではありません。ジャンプ力に優れていたわけでもありません。筋肉質ではなかったので、身体の強さがプレーに反映されることもありませんでした。

それでも、プロサッカー選手として18年間、40歳になるまで現役生活を過ごし、Jリーグベストイレブンに8度選出され、36歳の時にはJリーグでMVP（最優秀選手賞）を受賞することができました。また、日本代表として68試合に出場し、世界最高峰の舞台であるワールドカップ、アジア最強国を決めるアジアカップ、大陸王者が集うコンフェデレーションズカップといった国際大会にも出場することができました。正直、「出来過ぎなサッカー人生だった」と今も思います。

自分自身の足跡を振り返るたびに、ある思いが湧き上がります。

才能とは何だろう——。

チームメイトや対戦相手との比較から、「自分のこういうプレーはこのレベルでも通用するな」とか「こういうプレーは誰にも負けないぞ」と心ひそかに自覚することはありました。けれど、「自分にはプロとしてやっていける才能がある」と思っていたことは、正直に告白して一度もありません。

ならばなぜ、自分はプロになれて、長くプレーすることができたのか。

自分にはどんな才能があって、その才能をどのように磨いていったのか。

僕自身のキャリアを辿りつつ、同じ時代を過ごした選手たちにも触れながら、サッカーにおける才能とは何なのかを自分なりに解きほぐしていきたいと思います。

才能と呼ばれているものには、可視化や数値化ができるものと、できないものがあります。

才能に対する評価も、人によって異なります。サッカーはグローバルなスポーツであり、日本国内では才能として評価されるものが、海外では才能と見なされないことも、あるかもしれません。

才能について考えるということは、袋小路へ向かっていくようなものかもしれません。

でも、楽しみです。

どんな答えに辿り着くのか。「才能とはこういうものだ」という明確な結論が出ないとしても、「才能とは何か」に向き合うことが僕自身にとっての貴重な機会になると思います。本書を手にした読者のみなさんが改めて自らの才能に気づき、才能を磨き、才能をいかすためのきっかけになれば、これ以上嬉しいことはありません。本書がみなさんの可能性を広げる一助になることを願っています。

chapter 1

「才能」とは何なのか

スポーツの競技や種目によって、求められる才能は異なります。

スポーツをレクリエーションとして楽しむだけでなく、その競技や種目で好成績を残したい、世界の舞台で活躍したい、といった目標を掲げるのなら、生まれ持った才能も必要になってくるかもしれません。

陸上の100メートルで9秒台を出したいのなら、「足が速い」という才能が大前提になるでしょう。マラソンで世界と伍して戦うのなら、「持久力」と「スタミナ」が求められるでしょう。

バレーボールやバスケットボールなら、「身長が高い」ということが強力な武器になります。一方、体重別の階級での戦いが基本となる柔道やレスリング、ボクシングなどでは、身体のサイズが似た選手同士の戦いが多くなります。先天的才能をいかして戦うというよりも、いかに「得意技」を磨くのかに重きが置かれるのでしょう。

サッカーにおける才能に触れる前に、大前提としてお伝えしておきます。

誰にでも何かしらの才能はあるのです。

「いやいや、僕はテクニックがないし」とか「私は足が速くないし」といった声が、あちこちから聞こえてきます。では、僕からお聞きしましょう。

テクニックがないと嘆くあなたは、それでもサッカーを続けていますよね？

足が速くないというあなたも、サッカーをやめていませんよね？

それは、あなたの才能です。何かを好きになることが、すでに才能だと思うのです。

そして、**「悩みが絶えなくてもひとつのことをやり続ける」のは、間違いなく才能なのです。あらゆる種類の成功の礎となる才能と言ってもいい**でしょう。

同じスタートラインに立つ

小学生の僕は、憧れの選手のプレーを見て、「すごいな、自分もああいうパスが出したいな」と胸を高鳴らせました。けれど、同じプレーを見て、「あんなすごいプレーは、自分にはできないなあ」と口にするチームメイトもいました。

スポーツでも、ビジネスでも、勉強でも、可能性は平等でしょう。僕も、あなたも、あなたの友だちも、同じスタートラインに立つことはできる。

いざスタートすると、うまくいかないこともあります。

ボールをピタッと止められない。

狙ったところへシュートが打てない。

競り合いで負けることが多く、自分の得意なプレーを出せない。

サッカーに真剣に取り組むほど、悩むは増えていくものです。「あれができるようになりたい、これもできるようになりたい」という向上心があるからこそ、壁にぶつかっていきます。

僕自身もそうでした。身体の成長が遅かったこともあり、それまでできていたことができなくなる、という現実に何度も直面しました。少し前まで翻弄していた相手に、ガツンと当たられてボールを奪われたりすると、ホントに悔しかったものです。悔しくて、歯痒くて、どうしたらボールを失わないかを必死になって考えました。

自分ではどうにもならないこともあります。

試合のメンバーを決めるのは監督です。ピッチに立てるかどうかは、自分では決められません。

発表されたスタメンに、名前がない。自分なりに「出られるのでは」という手応えをつかんでいたら、悔しさを噛み締めることになるのでしょう。

ここで、「自分を使わない監督がダメなのだ」と思ったら――可能性は足踏み、あるいは後退です。

「いや、今日は試合に使われなかったけれど、自分はできる」と思えば、可能性は維持される。

どちらの思考が自身の可能性が広がるかは明白ですよね。ここが分岐点になります。

つまり、**才能を生かすも殺すも、自分次第**なのです。

真似のできない「ギフテッド」

それでは、サッカーで求められる才能とは何でしょうか？

ボールを「止めて（トラップして）」「蹴る」ことを正確に、かつ素早く行なうのは、どのポジションでも求められます。競技レベルが上がっていくにつれて、「高い強度のなかで」といった条件が加わってきます。強度は「インテンシティ」とも言われます。

丸いボールを足で扱う、しかも対戦相手のプレッシャーを受けながらプレーするのがサッカーですから、ミスは起こり得ます。そのミスをできる限り少なくして、自分のイメージや監督が求めるプレーをどれだけ具現化できるか。技術がすべてではないものの、自分が思ったとおりにボールを操れるかどうかは、サッカーにおいて重要度が高いと言えるのではないでしょうか。

幼稚園児や小学生のサッカーを見ていて、「あの子はちょっと違うな」と感じさせる子どもに出会うことがあります。

ボールを扱うことに慣れていないと、どうしてもモタモタしてしまうというか、あっちへ蹴ったりこっちへ蹴ったりと、思ったようにボールを操れないものです。

そういうなかで、まったくストレスを感じさせないボール運びをする子どもがいます。まさしく生まれ持った才能として、「ボールを扱う技術を身に付けている」ケースです。

僕が少年時代に憧れた元アルゼンチン代表のディエゴ・マラドーナは、「ギフテッド」と呼ばれる先天性の才能の持ち主でしょう。現代サッカーでは同じくアルゼンチン代表のリオネル・メッシの名前が挙がってきます。

彼らのボールタッチやドリブルは、教えられて学んだものではないでしょう。真似をしようと思っても、なかなかできるものではありません。「天賦の才」と言っていいものです。

スペイン代表のラミン・ヤマルも「ギフテッド」な存在でしょう。彼は日本の中学生年代にあたる15歳でＦＣバルセロナのトップチームでデビューし、16歳でスペイン代表としてユーロ２０２４に出場しました。日本なら高校２年生の学年で、ヨーロッパチャンピオンの一員となったのです。

スペインは４―３―３のシステムを国レベルで成熟させており、それぞれのポジションごとの役割がはっきりしています。ＦＣバルセロナも４―３―３のシステムを基本としており、ヤマルがスペイン代表にフィットしやすい環境が整っていたとも言えます。そうはいっても、先天的に高い能力を持っているのは間違いなく、競技レベルの高いチームやリーグを自らの日常とすることで、才能を磨いているのだと思います。

僕が現役時代に対戦したり、チームメイトとしてプレーした選手では、元日本代表の小野伸二さんは特別な才能の持ち主でした。味方からのパスが乱れたり、自分の体勢が崩れたりしても、次のプレーに最適な場所にボールを止めて、蹴ることができていました。

トラップがとにかく「なめらか」なのです。伸二さんとその話をすると「みんな、できるよ」と笑うのですが、あのトラップは誰にも真似できません。芸術の域に達していたとさえ感じます。

伸二さんをプロ入り前から知る方に聞くと、「小学校時代から変わらない」と言います。「ひと目見れば小野伸二と分かった。それぐらいずば抜けていた」と。

僕にも似た経験があります。

僕は小学校1年からサッカーを始め、東京都府中市の府ロクサッカー少年団に入りました。そのチームに元なでしこジャパンの澤穂希《ほまれ》さんがいたのです。澤さんは僕の2学年上でした。

小学生年代では男子と女子が一緒にプレーすることが珍しくなく、澤さんは僕らのチームのエースでした。身体が大きくてスピード豊かで、シュートも力強い。2学年下の僕からすると、「すごいな」と仰ぎ見る存在でした。なでしこジャパンのキャプテンとして女子ワールドカップでチームを世界一へ導く姿に、小学生当時の澤さんが重なったものでした。

川崎フロンターレの選手だった当時、たまたまクラブハウスの前の人工芝のグラウンドでやっていた小学生年代のトレーニングを見ていて、ひとりの選手が目に留まりました。他の選手が目に入ってこないぐらいの存在感を放っているのです。プレーの判断が適切で、周りを使うべきところでは使って、自分でやるべきところではやる。ポジショニングもいい。**小学生にして、頭のなかが整理されている。「あの子は違うね」と思っていたその選手は、幼き日の久保建英《たけふさ》でした。**

サッカーを同じタイミングで始めても、その成長には個人差があります。「止めて、蹴る」がすぐにできる子どもがいれば、練習を重ねることで思い描いたプレーができるようになっていく子どももいます。習得の早さは人それぞれです。

繰り返し練習をしたり、見本となるプレーから学んだりする意味で、「止めて、蹴る」というプレーは「スキル」と言ったほうがいいのかもしれません。「生まれつき備わっているボールを扱う感覚」が飛び抜けていなくても、「後天的に磨くことのできる領域」を含んでいるからです。

才能とセンスの違い

才能と似た言葉に「センス」があります。

サッカー中継や配信を観ていると、「センス」という言葉を聞きます。「シュートセンスがある」、「パスセンスがある」、「サッカーセンスがある」といった感じです。

僕自身も鮮やかなスルーパスや狙いすましたシュートなどを目の前にすると、条件反射的に「センスあるなあ」と口にしている気がします。

川崎フロンターレのチームメイトだった選手では、家長昭博や大島僚太はサッカーセンスがある。彼らはサッカーセンスの塊です。彼らにしか思いつかないプレー、というものがあります。

三笘薫にもセンスを感じます。ドリブラーとして高い評価を得ていますが、彼はパスもうまい。「そこが見えているのか」というところへ、さらりと出すのです。

センスは、「感覚」に近いかもしれません。数値化、可視化できるものではなく、身体が大きいとか足が速いといったような能力がそのまま反映されるものではありません。どのように感じて、理解して、表現するか、ということです。

シュートセンスもパスセンスも、ポイントは「見えているかどうか」だと思います。どこへパスを出したら、局面を決定的に打開できるのか。ゴールのどこへ打ったら、シュートは入るのか。パスを出すところ、打つべきところが見えている、イメージできている。**誰も想像ができないことを瞬間的に実行できる選手に、「サッカーセンスがある」という表現が使われるのでしょう。**

24年6月から7月にかけて開催されたユーロ2024の準決勝、スペイン代表対フランス代表戦でラミン・ヤマルが決めた大会史上最年少ゴールには、「センス」という言葉が当てはまるかもしれません。

ペナルティアークの手前でボールを持って、目の前には相手選手が数人いる。シュートコースが果たして見えていたのか。けれど、彼は何の迷いもなくシュート体勢を整え、左ポストに当たってゴールへ吸い込まれるシュートを決めてみせた。目の前に敵がいないかのように、まるで練習かのように、慌てるところがなかったのです。
・そんなところからは狙わないだろう、と思われる位置からでも、シュートやパスのコースが見えている。
・どういう軌道のボールを蹴ればゴールできるか、パスがつながるかのイメージができている。
・イメージを具現化できる技術がある。
この三つが揃うと、「センスがある」と言われるプレーになるのではないでしょうか。

24年シーズンのJ1リーグでも、センスを感じさせるプレーに出会いました。

鹿島アントラーズの鈴木優磨です。

7月6日に行なわれた北海道コンサドーレ札幌との一戦で、鈴木は藤井智也のゴールをアシストしています。敵陣右サイドでボールを受けると、ゴールキーパーとディフェンスラインの間へ40メートル級のパスを通しました。ゴールキーパーもディフェンダーもクリアできないボールは、チームの2点目につながったのです。

「アーリークロスを供給した」と表現されがちなプレーですが、鈴木からすると藤井は一番遠いところにいる。けれど、藤井の動きがしっかりと見えていて、走っているスピードとボールの滞空時間を計算して、何秒後にディフェンスラインとゴールキーパーの間に到達するのかを一瞬で判断して蹴っている。**数秒後の未来を想像している、その力を「センス」**と言うこともできるでしょう。

ここで紹介したヤマルや鈴木優磨のプレーは、「そこを見ているのか」、「そこが見えているのか」と思わせるようなプレーです。一方で、観ている人が「そこへ出せ」と思ったところへズバリとパスを出すようなプレーも、「センス」があると言われます。「誰にも見えていないところへ出す」意外性と、「観ている人の多くが見えているところへ出す」安定性。後者については「技術がある」という言い方もできそうですが、「そこへパスを通してほしい」、「そこへ打ってほしい」といった観戦者の視点を実現してくれることも、センスがあると言っていいのでしょう。

センスは身に付かない？

現役時代の自分を振り返れば、パスセンスはあったのではと思います。

チームメイトの多くが通さない、通せないと考えるところへパスを通す。見ている選手が少ないところにも、目が届いてパスを出す。1秒後の未来が見えたこともあります。このパスを出したらこうなるという画《え》が、頭の中に思い浮かぶことがありました。

そういうプレーは僕なりの感覚、つまりセンスだったと感じます。センスに欠けていたのはディフェンスです。川崎フロンターレでトップ下からボランチにコンバートされたり、サッカーの進化に伴ってポジションごとの役割が変わってきたりしたことで、「守備意識」は高まっていきました。ただ、センスを感じさせる守り方やボールの奪い方は、最後までできていなかった気がします。

センスは先天的なもので、後天的に身に付けることはできないのでしょうか?

否、そんなことはないと思います。

日本代表で一緒にプレーした中村俊輔さんは、全体練習後に直接フリーキックの練習をしていました。セルティックの一員として出場したチャンピオンズリーグでマンチェスター・ユナイテッドを相手に、当時世界屈指のゴールキーパーと言われていたオランダ代表エドウィン・ファンデルサールから2度も直接フリーキックを決めた俊輔さんが、代表活動の期間中も日課のように直接フリーキックを蹴っていました。

プロデビューを飾った横浜F・マリノスに在籍していた当時は、日本代表のチームメイトでもあるゴールキーパーの川口能活《よしかつ》さんを相手に、練習後に直接フリーキックを蹴っていたと聞きました。生まれながらに優れた感覚を持っていたことに加え、日々の飽くなき鍛錬が俊輔さんを世界最高クラスのフリーキッカーにしたと思うのです。

僕がパスセンスにそれなりの自信を持つことができたのは、幼少期の憧れだったラモス瑠偉《るい》さんのプレーを脳内ハードディスクに焼き付け、実際に真似をしてみて成功や失敗を繰り返したからでした。

憧れの選手の真似をする——誰でも一度は経験があるのでは？ そして、「ああ、なかなか同じようにはできないなあ」という小さな挫折を味わうのでは？「成功と失敗を繰り返した」と書きましたが、僕も失敗が圧倒的に多かったです。

どうしてうまくいかなかったのかを考えて、自分なりに改善点を検証する。失敗の山がどんどん大きくなっていきながら、本当に少しずつラモスさんのイメージに近いパスを出せるようになっていきました。

イメージに近いパスを1本でも出すことができれば、「もう1本出したい」と思うものです。そうやって成功体験を獲得していき、僕なりのパスセンスを磨いていったのだと感じます。

感覚を磨くことはできる

シュートセンスがあると言われる選手も、成功体験がセンスの裏づけになっているのではないでしょうか。

練習でシュートを打つ時には、「こうやって打ったらどうだろう」、「それがうまくいかないなら、こういう形はどうだろう」といった感じで、色々なトライをしています。

それが試合でうまくいったら、「この感じで打てば入る」と実証されたことになる。

ボレーシュートがうまい選手は、「ボールをミートするセンスがある」と言われます。ボレーシュートはインパクト面で、ボールの芯を的確にとらえなければならないからです。これも、練習なしには磨かれない。**「センスの有無」で片づけてはいけない**気がします。

チームの全体練習後に、遊びの要素込みでボレーシュートを打つ、ということがありました。大まかな印象として、ディフェンダーの選手はボレーシュートがあまり得意ではない。「センスないですよ」と言う選手もいました。

しかし、日本代表でともにプレーした田中マルクス闘莉王《トゥーリオ》は、センターバックでありながらシュートが抜群にうまかった。元々は中盤の選手だったから、ということのみが理由ではないでしょう。彼は攻撃が好きで、点を取るために練習をしていた。「ポジション的に必要ないから」と割りきるのではなく、ディフェンダーでも練習すればシュートはうまくなる、ということを示していました。

長身のセンターバックは、セットプレーで空中戦のターゲットになる。ヘディングで得点を決めてみせる。それもやはり、練習をしているからです。

シュートやパスは先天的な「センス」で、ヘディングだけは練習の成果——それは無理があるでしょう。**シュートもパスもヘディングも、後天的に感覚を磨くことはできる、というのが僕の考えです。**

ミッドフィルダーだった僕自身は、「ヘディングがうまくなくても、自分のプレースタイルは成立する」という割りきりが、心のどこかにありました。その結果、「ヘディングがうまい」という評価は得られませんでした。リーグ戦で決めたヘディングシュートは4点か、5点だったか。それも、「自分の技術で良く決めることができたな」と思うくらいです。

元日本代表監督のイビチャ・オシムさんが、日本人選手のヘディングの技術を嘆いていた、と聞いたことがあります。ヘディングがフォワードとセンターバックの専門技術のようにとらえられている雰囲気を、オシムさんは感じ取ったのかもしれません。ヘディングの練習にもっと前向きに、貪欲に取り組んでいたら、自分のプレースタイルがさらに広がったかも、と思うことがあります。

「思考」という「才能」

サッカーが戦術的、戦略的な進化を遂げてきた過程で、選手に求められるものが変わってきました。時間とスペースをギリギリまで削り取ったコンパクトな陣形のなかで、創造性や芸術性ではなく機械のような正確性を発揮できる選手が評価される時代です。

具体的には、対戦相手と身体をぶつけ合ってボールを奪い取る「球際の強さ」、「長い距離を速く走る」、「何度もスプリントする連続した動き」などが求められています。僕がプロ入りした2003年当時に比べると、プレーの「強度」や「激しさ」がより厳しく問われるようになりました。

そうした要求に応えられる**身体的な才能として、「足が速い」、「身体が大きい」、「身体が強い」、「身体が柔らかい」、「身体の無理が利く」といったものが挙げられます。**

たとえば、「足の速さ」は先天的な才能と受け止められがちです。小学生の時に足が速かった子どもは、中学生になっても高校生になっても速いですが、幼少期にはそれほど速くなかった子どもが速くなる、というケースも見られます。ランニングのフォームなどの指導を正しく受けることで、速く走ることができるようになるのです。現在ならシューズはもちろんインソールなども進化していますので、自分に合った用具選びも速く走る条件に加えられるかもしれません。

日本代表として長く活躍した岡崎慎司は、清水エスパルスからドイツ1部のブンデスリーガのクラブへの移籍をきっかけに、自分の走り方を見直しました。陸上競技で五輪に出場した元アスリートの指導を受け、客観的にも変化が分かるぐらいに速く走れるようになっていきました。理論的に正しく、自分に合った指導を受ければ、大人になっても走力を上げられることを証明してくれたのです。

ケガの治療方法や復帰までのリハビリなども含めて、スポーツをする環境は飛躍的に整ってきています。それによって、自分では気づいていなかった「才能」を掘り起

こしたり、伸ばしたりすることが可能になっているのでしょう。

サッカーはボールを「止めて、蹴る」という動作を、厳しいプレッシャーを受けながらより速く、より正確に、連続して行なう競技です。そのための才能として技術や身体能力が求められるのですが、その状況は様々です。

日本国内のリーグ戦なのか。国際試合なのか。試合が行なわれるのは国内か、それとも海外か。

試合の位置づけはどうなのか。チームが目標を達成するために、勝たなければいけない試合なのか、引分けでもＯＫなのか。あるいは、1点差や2点差の敗戦なら許容されるのか。

試合中も時間帯、スコア、試合の流れ、相手の勢い、主審の判定基準はどうなのか、自分が警告を受けているかどうか、スタジアムの雰囲気はどうか、といったことを考慮しながらプレーしていきます。「止めて、蹴る」という動作は同じでも、そこに込められた意味は一つひとつ異なってきます。

そういう意味では、**「思考」がとても大切**になります。

ピッチのどこに立つのかといったポジショニング。

どこから攻めるべきかという分析力。

相手がどういう狙いを持っているのかを察知する力。

ボールを受けた後にパスをするのか。パスならワンタッチで出すのか、トラップをするのか。ショートパスを出すのか、ミドルパスを出すのか、ロングパスを出すのか。あるいは、パスではなくシュートするのか。数多くの選択肢のなかから、最適だと思われるものをチョイスする状況判断――。

サッカーは個人競技ではなくチームスポーツであり、対戦相手に勝たなければならない。自分とチームがその時点で最高のパフォーマンスを出し切ることが、必ずしも勝利につながらないところがあります。好不調の波もあるので、自分の調子が上がらない、チームとしてうまく機能しないこともあるでしょう。プロならば、それでも勝利をつかまなければならない。

そう考えると、**「思考」は結果を出すために必要な「才能」**と言っていいでしょう。足が速いからといって、試合開始からひたすら全力疾走を続けていたら、ここぞという場面で自慢のスピードをいかせないかもしれない。いつ、どこで、スピードをいかすのかを考えたほうが、才能を効果的に発揮することができるのです。

悩んだら原点へ

サッカーの「醍醐味」とは何でしょうか。

ドリブルで相手を抜く。シュートを決める。ズバッと音がするようなパスを通す。1対1で相手を止める。ワンタッチで何本もパスを通す――。

僕自身の醍醐味は「脳内イメージの具現化」です。こういうプレーをしたいと思い描いたものを、試合で実践できたら楽しい。その楽しみを勝ち取るために、世界中のサッカー選手が努力をしているのでしょう。

イメージどおりにできるようにするには、どうしたらいいのか。思考を巡らせることで、これまでの自分のプレーはどうだったのか、いまの自分が他人より秀でているものは何か、といったことを見つめ直す。そのプロセスがたくさんの気づきをもたらし、自分の才能に目覚めていくのです。

僕自身の脳内イメージで最も優先度が高かったのは、得点に関与することでした。ピッチ上でどうやって自分をアピールするか、自己表現するかを考えると、ゴールやアシストに直結するプレーが思い浮かびました。それが、僕の立ち返る場所です。サッカーをするうえでの原点、と言ってもいい。

プレーに**悩んだら、原点に立ち返る。それも才能のいかし方**でしょう。

僕自身が思い浮かべるのは、小学生の自分です。

当時は何でも思いどおりにできました。自分がプレーしていたレベルがそこまで高くなかった、というのはあるのでしょうが、信じられないぐらい身体を捻って、逆サイドへシュートを決めるようなこともできた。そのイメージが色褪せずに残っているので、同じような場面でシュートを決めても、「この角度にしか打てないのか。もっと頑張らなきゃ」と自分を叱咤していきました。

自分にとってサッカーの醍醐味と思えるプレーを、リアルに記憶しておく。それによって、プレーの再現性を高めることができる。才能を発揮できる。

成功体験だけでなく、「これはうまくいかなかったな」という失敗体験を記憶にとどめておくことで、理想の自分に近づいていく人もいます。同じ失敗をしないように心がけることでも、自分が持っている才能を無駄なく使うことはできるのでしょう。

オシムさんの練習

大きな国際大会へ挑むアスリートが、「自分がどれだけできるのか、楽しみたい」と語ることがあります。

「楽しむ」ことは、誰にとっても原風景だと思います。サッカー選手であれば、ドリブルで相手を抜く、ゴールを決める、ということが楽しくてサッカーを始めているでしょう。「サッカーは楽しい」という気持ちは、いつでも大切にしてほしい。

ただ、カテゴリーが上がるにつれて、背負うものが増えていきます。チームを勝たせるために何をするべきかという思考も大切で、それはつまり、**チームの利益に適うように自分の才能を発揮する**、ということでもあります。

自分がより良い選手になる。チームが強くなる。その過程を楽しむのです。パス&コントロールのような基本的な練習でも、動きながら止めて蹴るというプレーの一つひとつに集中して取り組む。自分がうまくなることを追求する。川崎フロンターレの練習がそうでしたし、イビチャ・オシムさんの日本代表もその意味で印象深い。

オシムさんの練習は、たくさんのビブスを使うことで知られていますが、「同じ色のビブスを着けた選手にはパスを出せない」とか、「同系色のビブスの選手同士でパスを回す」といった細かな設定がありました。それをワンタッチでやる。パスを受ける前に自分、味方、相手の状況を見ておかなければいけないので、やっているうちにどんどんプレーが速くなる。

07年に東南アジア4か国で共催されたアジアカップでは、試合のない日も高い強度で練習をしていました。そのおかげで、練習でも成長していると実感することができた。あの一か月ほどの日々を振り返ると、ホントに全力で取り組んでいました。

大会や試合を前に「楽しみたい」と話すアスリートは、そのためにものすごい量の練習を積み上げてきたに違いない。「やるだけのことはやった」という境地に辿り着いたからこそ、「あとは自分が持っているものをすべて出し切って、思い切り競技を楽しむ」という気持ちになれるのでしょう。

スポーツは様々な要素で成り立っています。チームが機能するためにはプレーの再現性、即時性、連続性、連動性、多様性（バリエーション）、創造性、即興性といったものが必要になります。

バスケットボールやラグビーは、番狂わせが起こりにくいスポーツと言われています。その理由は複数あるのでしょうが、僕自身は「ボールを手で扱う」ことに着目しています。とくに屋内競技のバスケットボールは、風や雨の影響でボールの軌道が変わるということがありません。汗などで足元が滑らないように、コートの整備もひんぱんに行なわれます。イージーなミス、予測不能のミスが起こりにくいので、番狂わせの条件がなかなか揃わないのでは、と考えます。

それに対してサッカーは、手ではなく足を使う。グラウンドが広く、芝生、天候といったものに左右される。バスケットボールやラグビーに比べて少ない点数で争うことも含めて、「そんなことがあるの？」ということが起こる。リオネル・メッシがいるチームでも、キリアン・エムバペがいても、負けることはある。

ピッチ上に散らばる才能が、そのまま勝敗に結びつかない——それが、サッカーの最大の魅力なのでしょう。

プロサッカー選手として18シーズンにわたってプレーした経験から、さらには引退後に指導者として子どもたちから大学生までに接してきて、**誰もが「才能」を持っていると感じます。**

たまたま足を運んだグラウンドや、街クラブの試合を見ていたりしても、見どころのある選手がたくさんいます。**足が速いといったような分かりやすいものばかりでなく、もう少し小さな才能の種、まだ芽吹いていないものも含めて、誰もが「才能の種」を持っている。その種をしっかりと花開かせるかどうかで、サッカー選手としてのキ**

ャリアに違いが生じているのです。

きっかけは「気づき」でしょう。

自分のプレーを振り返って、今の自分に足りないものに気づく。指導者に、両親に、技術が向上するヒントを与えてもらう。チームメイトとの関わりから、自分に必要なものを浮き彫りにする。

どのようなシチュエーションでも、周りの人たちの声に耳を傾けることが欠かせません。Ｊリーグで活躍して日本代表に招集され、海外のクラブへステップアップしていくような選手は、監督やコーチ、チームメイトの話に耳を傾けます。そうやって周囲の手を借りながら、才能を大きくしていっているのです。

chapter 2

天才少年はなぜ消える？

サッカー界ではU－17（17歳以下）とU－20（20歳以下）のワールドカップがあり、五輪はU－23（23歳以下）の選手に出場資格があります（24歳以上の選手も、1チーム3人まで出場が可能）。

年代別の日本代表に選ばれる選手は、将来性豊かと言って間違いありません。最終的には日本代表として活躍してほしい、との期待も集めているのでしょうが、周囲の思惑どおりにはいかないのが選手育成なのです。

2年に一度開催されるU－17ワールドカップの日本代表を例にとると、日本は1993年から2023年までに14大会に参加しています。1チームは18人から23人で編成されていますが、U－17からそのまま順調に日本代表まで登り詰めることができたのは最も多いチームで6人。1人しか日本代表になった選手がいないチームもありました。トップ・オブ・トップの日本代表までステップアップしていくのは、多くても3分の1ほどというのが現状なのです。

選ばれなかった選手たちを、責めるつもりはまったくありません。それよりもむしろ、選手育成の難しさを実感します。2021年から23年にかけてU－17日本代表のロールモデルコーチを任されたことで、「勝つこと」と「育てること」を両立させる難しさを痛感させられました。

身体能力の落とし穴

サッカーに限らず様々なスポーツで「10年にひとりの逸材」とか「消えた天才」と呼ばれるような選手がいます。サッカーでは「●●のマラドーナ」とか「●●のメッシ」と名付けられるような選手がいます。

幼少期から中学生あたりまでは、身体の成長速度に個人差がかなりあります。同級生に比べて身長が早く伸びる子どもがいれば、なかなか身長が伸びない子どももいます。

また、小学校高学年から中学生年代では、身体の変化に心が追いつかず、それまでできていたことができなくなる「クラムジー」を起こすことがあります。「オスグッド」と呼ばれる膝の疾患を、発症することもあります。

そうした成長速度の違いと、成長段階特有の一時的な運動能力の低下などにより、なかなか身長が伸びない、身体が細い、という子どもが出てきます。対照的に成長のタイミングが早い子どももいますので、身長差や体格差が著しい状況が生まれます。

身長が早く伸びた選手と、なかなか伸びない選手が競り合ったら、伸びた選手は、空中戦で大きなアドバンテージを得ることができます。身体が大きいので、リーチも長いでしょう。

同世代のなかでは「身体が大きい」というその武器を使えば、比較的簡単に点を取ることができるし、失点を防ぐこともできる。ピッチ上で起こる問題を、身体の大きさが解決してくれるわけです。

足が速い選手にも、同じことが言えます。他を圧倒するスピードの持ち主がチームにいるのなら、その選手をフォワードに置いて走らせればゴールの可能性は高い。少しぐらいパスが長くなっても追いつけるし、パスコースが乱れてもカバーしてくれる。スピードでディフェンダーを置き去りにして、自分でゴールを狙うことも、味方にパスを出すこともできる。

センターバックで起用しても、足の速さで問題を解決してくれます。ポジショニングが少しぐらい悪くても、スピードでピンチの芽を摘み取ってくれるでしょう。

高校1年生と3年生では、成長速度に差があります。身長が160センチにも満たない1年生のフォワードが、ある程度身体の出来上がった3年生のディフェンダーに対抗するのは、さすがに難しいでしょう。けれど、3年生でもまだ高校生ですから、守り方の引出しはそこまで多くない。高さとか速さといった自分の能力を発揮すれば、1年生フォワードでも得点を取ることができる可能性はある。

自分が得点したり、活躍したりすることで、チームが勝ち、周りからは「良くやった」と褒められる。周囲からも「ナイスプレー」、「良くやった」と言われることが多く、細かいポジショニングや動き出しについての指摘を受けることは少ない。

そういう環境では、反省する習慣は身に付きにくい。「得点したけれど、チャンスを逃した場面もあった。次はあの場面でも決め切れるように」といった思考が立ち上がってきません。

サイズがあり、身体能力が高ければ「ゴール前で相手に競り勝つためには、どうすればいいのか」「ディフェンダーの背後を取るには、どうしたらいいのか」といったことを、わざわざ考えなくとも得点できてしまうことが多い。同世代の選手に比べて、考える量も、頻度も、少なくなりがちです。考えの深さも、足りないかもしれません。

育成年代において、**身体能力に恵まれた選手は、「できないこと」に直面する機会が少ない。言い方を変えると、大きな挫折を知らずに育っていくことが多いのです。**

挫折はできるだけ早くに

小学生や中学生のサッカーは、自分たちの良さをぶつけ合う「足し算の戦い」です。相手の良さを消すための駆け引き、精神的な揺さぶりといったものには、さほど重きが置かれていません。練習してきたものを発揮して勝利をつかもう、というスタンスのチームが大多数でしょう。

高校生も「育成年代」と言われます。全国大会などでは、相手の良さを消そうとするチームも出てきます。そういった相手に対して、自分たちの良さを発揮して真正面からぶつかり合い、チームと個人の課題を抽出することに軸足が置かれます。特筆すべき高さや速さを持った選手がいれば、その選手を「戦術」にして勝利を手繰り寄せようとする、というチームもあります。いずれにしても、自分たちが持っている武器をフルに活用する、というスタンスです。

しかし、プロの世界は違います。

現代サッカーはスカウティングが緻密で、対戦相手を丸裸にします。選手一人ひとりの特徴も分析され、「相手の良さをいかに消すか」という「引き算の戦い」が増えていきます。

しかも、ピッチに立つのは百戦錬磨の選手たちです。

高校生年代まではほぼなかった「経験の差」が、プレーに反映されます。プロで10年以上も戦ってきたディフェンダーは、スピード豊かな選手や長身選手を、どうやって抑えればいいのかを知っている。そういう選手たちが嫌がることを、徹底してやってくる。様々な駆け引きを知るディフェンダーとのマッチアップでは、超高校級と呼ばれてきた選手でも、スピードや高さだけでは通用しません。

そんな百戦錬磨の相手に対して自分のスピードや高さを、どうやっていかすか。そのために、どこにポジションを取ればいいのか。どのタイミングで動き出せばいいのか。どうすれば相手は嫌がるのか――複数の階層で考える習慣を早くから身に付けることが、才能をいかすことにつながり、**挫折を知ることで思考が深くなっていく**、と言ってもいいのではないでしょうか。

どんな人間でも、一度ならず挫折を経験するでしょう。

それならば、挫折はできるだけ早いほうがいい。

スポーツでも、ビジネスでも、人生でも。

挫折というのは、競争から落伍すること、競争に挑む意欲や気力を失ってしまうことです。セレクションに落ちてしまった、受験や試験に失敗してしまった、というのが挫折の具体例として分かりやすいでしょう。

自分が属するグループ内での立場（や序列）が下がり、精神的に落ち込んでしまう。そこから這い上がることに、挫折を経験する大きな意味があります。這い上がることは、「壁」を越えることと同意です。

味わうべき痛み

幼少期に「天才」、「逸材」と呼ばれた選手が周りの期待ほど順調に成長しないことがあります。その理由のひとつとして、「挫折からどうやって立ち直るか」の経験をしていないことが関係しているのではないかと考えます。どうやって這い上がるのか、自分のなかにその方法論が（用意されて）ない」と言い換えることもできます。

そもそも育成年代では挫折を経験する機会がほとんどない、という選手も少なからずいます。

中学生年代から高校生に混じる、高校生年代からプロと一緒にプレーする〝飛び級〟と呼ばれる制度は、才能を伸ばす手段のひとつに挙げられます。

高校生や大学生がＪリーグに出場できる制度として、「ＪＦＡ・Ｊリーグ特別指定選手制度」があります。Ｊリーグのクラブの育成組織に所属していれば、この制度を使ってスムーズに〝飛び級〟できます。

それに対して、高校の部活でサッカーをしている選手の場合は、通年で実施されるプレミアリーグやプリンスリーグがあり、春から夏にかけてはインターハイ予選と本大会、夏から冬にかけては高校選手権の予選と本大会があります。１年を通してほぼすき間なく試合が組まれているので、Ｊリーグのチームに合流できる時間が限られてしまいます。

「ＪＦＡ・Ｊリーグ特別指定選手制度」は、Ｊ1とＪ2なら1チームに3人と限りがあります。そのため、即戦力と見込まれる大学生が選ばれる傾向が強い。

選手を受け入れる側のクラブからすると、なかなか練習に参加できない高校生を実戦で使うのは難しいでしょう。そのため、制度があって選手登録はされるものの、Ｊリーグの試合に継続的に出られる選手は多くありません。同世代でずば抜けた選手が「自分の強みが通用しない」と感じる場面は、かなり限られているかもしれません。

これがヨーロッパであれば、U－17、U－19、U－21の大陸選手権があり、19歳以下のチームによるヨーロッパ域内のリーグ戦も行なわれています。高校生年代からは自国以外の同世代のチームと戦うことができ、その年代で実力が飛び抜けていればひとつ上、ふたつ上の世代に混じってプレーできる。**早熟の才能に必要な刺激を与え、大器にしていく仕組みが、ヨーロッパにはあると言えます。**

日本サッカーの目標は世界の舞台で結果を残すことですから、育成年代の代表チームも積極的に国際大会に出場しています。海外のチームとの対戦を通して、高い身体能力やガツガツとしたぶつかり合い、南米各国に根づく巧みな試合運び、といったものを肌で感じることも、挫折を味わうことに似ているでしょう。

ただ、海外遠征（あるいは国内で海外チームと対戦する機会）は、数か月に一回ほどの頻度です。選手たちの日常はあくまでも所属チームにあり、そこでどのように過ごしているのかが成長を大きく左右します。

選手のレベルに応じたプレー環境を国内に整備して、うまくいった体験もうまくいかなかった体験もしてもらう。「あの経験があったから、頑張ることができた」とのちに思えるような挫折や痛みを、育成年代では味わってもらいたいものです。

中村俊輔も本田圭佑も遠藤航も

サッカー選手として大成した選手は、ほぼ漏れなく挫折を味わっています。

元日本代表の中村俊輔さんは、横浜F・マリノスのジュニアユースからユースへ上がることができませんでした。神奈川県の強豪・桐光学園高校で部活に打ち込むのも、高校生としてはエリートコースだったかもしれません。ただ、俊輔さん本人は悔しい思いをしたのでしょう。「自分のサッカー人生の転機のひとつだった」と、本人からも聞きました。

同じく元日本代表の本田圭佑も、ガンバ大阪のジュニアユースからユースへの昇格を見送られ、石川県の星稜高校で高校サッカーの世界へ飛び込みます。全国大会に出場して、名古屋グランパスでプロキャリアをスタートさせました。

森保一監督のもとで日本代表に招集されている鎌田大地、2021年の東京五輪に出場した林大地も、ガンバ大阪のジュニアユースからユースへの昇格を見送られ、高校サッカー経由でプロ入りしています。

川崎フロンターレのチームメイトだった小林悠は、中学時代に川崎フロンターレと湘南ベルマーレのU－18チームのセレクションを受けたものの、加入には至りませんでした。同じく川崎フロンターレのチームメイトだった守田英正は、ガンバ大阪のジ

います。

Ｊリーグのクラブのジュニアユースやユースに入ることができず、その悔しさを成長の糧にしていった選手は、ここに名前を挙げた選手だけではありません。

本当にたくさんの選手が、小中学生の年代に挫折を経験しています。

日本代表で主将を任されている遠藤航《わたる》のキャリアにも、「挫折」が刻まれています。彼は横浜Ｆ・マリノスのジュニア（小学生年代）やジュニアユースのセレクションに合格できなかったものの、高校進学と同時に湘南ベルマーレのユースチームに入団しています。高校３年時には２種登録選手としてＪ１リーグデビューを飾り、プロ１年目から中心選手として活躍していきます。

無名の存在でプロ入りした僕からすれば、文句なしのエリートコースです。遠藤は日本代表にもアンダーカテゴリーから招集されています。

ただ、遠藤はキャリアの節目で強烈な刺激を受けています。

公式戦デビューはリーグカップで、前半で交代しています。リーグ戦デビューは２０１０年の川崎フロンターレ戦で、僕も出場していましたが、この試合でも前半だけで退いています。前半終了時点で僕らが３対１でリードしていましたので、湘南ベルマーレのベンチはアクションを起こすべきと判断したのかもしれません。

日本代表でも、遠藤は同じような経験をしています。

15年11月に行なわれたワールドカップ・ロシア大会アジア2次予選のカンボジア戦で、ダブルボランチの一角としてスタメンに名を連ねます。彼にとって代表5試合目で、海外組を交えたチームでは初めての先発でした。

当時22歳の彼にすれば、ヴァイッド・ハリルホジッチ監督に存在をアピールする好機です。「ここで爪痕を残すぞ」という気持ちで臨んだに違いない。

この試合はアウェイゲームでしたが、日本からすれば格下の相手です。しっかりと力の差を見せつけたいところですが、前半を0対0で折り返します。

後半のピッチに、遠藤の姿はありませんでした。前半だけで交代させられてしまったのです。

悔しさを糧にする

現地で取材をした記者によれば、試合後の遠藤は「日本代表でボランチで使ってもらうのは久しぶりだったというのはありますけれど、今回は悔しさしか残りません」と話したそうです。そして、「プロ公式戦デビューもJリーグデビューも、前半だけで交代しています。カンボジア戦で自分らしさを発揮できなかった悔しさをしっかり持ちながら、反省して、成長して、次は結果を残せるようにやっていきます」と続けました。

16年に湘南ベルマーレから浦和レッズへ移籍し、同年のリオ五輪に出場した遠藤は、18年のワールドカップ・ロシア大会の日本代表に選ばれます。しかし、本大会では出場なしに終わりました。

僕自身、10年のワールドカップ・南アフリカ大会のメンバーに選ばれ、ラウンド16のパラグアイ戦に途中出場しました。ワールドカップでのプレータイムは限られたものでしたが、ピッチに立たないと感じられないものがありました。ベスト16入りを果たしたチームで、遠藤は人知れず悔しさを噛み締めたに違いありません。

ワールドカップ・ロシア大会後の18年夏にベルギー1部のシントトロイデンへ移籍した遠藤は、翌19年にブンデスリーガ2部のシュツットガルトへステップアップしました。チームの1部昇格に貢献し、キャプテンを任されるほどの信頼を集めていきます。自らのキャリアについて、22年4月に取材でこう答えています。

「ワールドカップ・ロシア大会で悔しい思いをして、日本代表でスタメンを張るには海外でやらなきゃと思った。その当時はボランチではなかなか試合に出ていなくて、遠藤航のポジションはどこなんだ、みたいなところもあって。そこからベルギーへ行って、ボランチで試合に出たい思いがあったなかでポジションをつかんで、いまこうやってシュツットガルトでやっているのは、成長できた4年間だったと思う」

その時々に感じた悔しさを、成長への糧としてキャリアアップを果たしていく。プレミアリーグの名門リバプールの一員となった彼もまた、挫折を繰り返しながら成長していったことが分かります。
最終的に成功している人はすべてがうまくいっているように見えますが、そんなわけはありません。大なり小なり挫折があるのです。勝ち続けることはありません。

関東選抜では何もできなかった

他でもない僕も、自分なりに挫折を味わっています。

僕は小学校1年から府ロクサッカー少年団でサッカーを始め、3年時から一学年上のチームに混じってプレーしていました。当時はこの年代も11人制で、ひとつ上の先輩方の学年が12人しかおらず、ひとつの学年だけではチームを作ることができないので、僕らの学年から僕を含めて数人が呼ばれていました。

幸運だったのは、その1学年上のチームがとても強かったことでした。東京都の大会で優勝するくらいのチームだったのです。

その後、僕が5年の時に、東京都代表として夏の全日本少年サッカー大会（現在のJFA全日本U－12サッカー選手権大会）でベスト16まで勝ち上がりました。「個」がしっかりと立っている選手が多く、小学校卒業後にヴェルディ川崎（現在の東京ヴェルディ）のジュニアユースに加入した選手がふたりいました。ふたりともジュニアユースからユースへ昇格し、関東大学リーグの強豪校へ入学し、ひとりはJリーガーになりました。

そういう選手がいるチームに、おそらくは人数が足りなかったという理由で混ぜてもらい、試合で使ってもらい続けたことで自信をつかむことができました。

6年生になると東京都でベスト4に入り、僕自身は東京都選抜に選ばれ、関東選抜にもセレクトされました。グラウンドと宿泊施設を備えた千葉県の検見川総合運動場に北海道から九州までの地域選抜が集まり、2泊3日の日程で対抗戦が行なわれました。同世代のトップレベルの選手が集まる場所に、参加することができたのです。振り返るとここが、プロになるまでの僕のキャリアのピークでした。

小学校卒業時点の身長は136センチで、同級生に混じってもかなり小さい。小さくてすばしこいので、スルスルとドリブルで相手をかわすプレーが得意でした。当時はパサーではなくドリブラーで、1・5列目で自由にプレーしていました。自分のチームではそれなりにできているな、という自負はあったのですが――。

関東選抜では何もできませんでした。自分のプレーが何ひとつ通用しないのです。

周りの選手たちは大きかった。九州選抜はフィジカルが強かった。東海選抜はテクニックがあり、化け物みたいに強かった。はっきりと覚えてはいないのですが、同学年の市川大佑、平松康平、森勇介といった、のちのJリーガーがいたかもしれません。東北選抜は粘り強い。地域ごとの色がすでにあり、そのなかで僕は何もできないのです。びっくりするくらい何も。試合に出るのが怖いぐらいでした。

1学年上の先輩たちに引っ張られ、「自分もできる」と思っていたところで、同世代における「自分の現在地」をはっきりと告げられました。僕の「できる」は、明らかな勘違いだったのです。僕はそこで自分を見切りました。「ああ、こんな感じか……」みたいな気持ちでした。小3からの勘違いした人生が、パーンと弾けたのです。

ズタズタになったプライド

全国規模での自分の実力を、残酷なまでに突きつけられましたが、サッカーを続けていく気持ちはありました。府ロクサッカー少年団は中学生年代のチームがなかったので、先輩と同じようにヴェルディのジュニアユースに来ないか、と声をかけてもらいました。地元の公立中学校のサッカー部で続ける、ということも考えました。

さらにもうひとつ、選択肢がありました。僕が中学へ進学するタイミングで、府中に新しいクラブチームができることになっていました。同学年で府中市や調布市の選抜チームに選ばれていた選手たちがそこへ行く、という話を聞きました。それならば、と、僕は地元の小金井市立第二中学校へ進学し、サッカーはそのクラブで続けることを選びました。

そのクラブは誕生したばかりのチームですから、上級生はいません。すぐに試合に出ることができます。

けれど、公式戦で対戦するチームは3年生主体で、まだ身体が小さい僕は自分がやりたいプレーを見せられない。それはある程度しかたがないとして、1年生同士の試合でも、小学生の時に翻弄した相手が成長期を迎えて、身体のサイズで抑え込まれたりする。

自分のプレーはうまくいかないし、試合にも勝てない。

小6の冬でプライドをズタズタに切り裂かれ、中学生になってさらに通用しない悔しさをどう処理すれば良いのかが分からない僕は、周りに責任を押しつけてしまいました。心のなかで監督やコーチ、チームメイトを責めました。心の叫びが声になってしまうこともありました。誕生したばかりのクラブだからダメなんだと、環境のせいにもしました。小学生の自分ができていたプレーができない自分を、受け入れることができなかったのです。自分へ矢印を向けることができなかったのです。

小学校6年時に関東選抜で大きな挫折を味わったけれど、うまくいく体験もそれなりにしていました。自分で自覚しないままプライドというものが芽生え、どんどんと高くなっていたのでしょう。

自分はできていたし、これからもできる、といったプライドを持つことは、必ずしも悪いわけではありません。ただ、**プライドにこだわり過ぎると、失敗しても自分へ矢印が向かず、「今日は調子が悪かっただけだ」と開き直ったり、「自分じゃなくチームメイトが悪いからだ」といった考えに陥ったりしてしまいます。**それまでのサッカー人生で成功体験が多かったことから、逆境を跳ね返したり理不尽さを乗り越えたりする「リバウンドメンタリティ」や、逆境から自分を回復させたり立ち直らせたりする「レジリエンス」を磨く場面がなかったために、他人に責任を押しつけてしまったり、モチベーションを失ってしまったりする傾向が強まります。まさに僕も、そうなりました。

サッカーのミスは3種類に大別できます。自分のミス、味方選手のミス、自分と味方が意思の疎通を欠いたことによるミス、です。パスの出し手は足元へ送ったけれど、受け手はスペースでほしかったのでパスがつながらなかった、といったものが三つ目のミスです。

僕自身の経験に照らすと、味方選手のミスも、意思の疎通を欠いたミスも、自分のミスとして受け止めたいものです。「アイツがミスったから自分は関係ない」とか「何でオレの意図が分からないのだ」と考えるのは簡単です。楽でもある。けれど、ミスを他人事にしたら、同じようなミスが繰り返されてしまうかもしれない。いや、おそらくは繰り返されます。それでは、チームに不利益が生じてしまうし、自分の評価も上がりません。

他人を変えるのは大変です。それならば、自分を変える。自分が変わる。

他人のミスを受け入れるのは難しいことですが、そこから思考を変えることで始まることは必ずあります。「これって自分のせいじゃないよなあ」と感じる場面でも、**自**

分に矢印を向ける。たとえば、「自分がその人に対して別のアプローチをすれば、結果は変わったかもしれない」と、人のミスも自分が引き受けるくらいの気持ちでいる。それは、他人よりも成長の機会を多く持つことであり、才能の目覚めや新たな才能の開発にもつながると思います。

サッカーをやめた日

大好きなサッカーが、まるでうまくいかない。中学1年生にして完全に行き詰まってしまった僕は、**そのクラブを辞めてしまいました。**

辞めたのは5月だったか、6月だったか。サッカーにまつわる事柄ならきちんと頭の中にストックできるはずの僕が、はっきりと覚えていないのは、それぐらい心が荒んでいたからでしょう。とにかく、夏休みを迎える前には、チームを離れていました。

それからは、ひとりでボールを蹴っていました。サッカーを本格的にやり始めてから、習い事はすべてやめてしまったので、他に興味が向くものがありません。スマートフォンはおろか携帯電話もないし、インターネットもまだ一般に普及していないので、ひとりで時間を潰すのは大変です。自宅前の壁や近くの公園、小学校の校庭で、ひっそりとボールを蹴っていました。

地獄でしたね。お山の大将だった自分が、山から落ちて登るのをやめたのですから。

中学校ではサッカー部に入らずプログラム研究部に属しました。サカグチくんという同級生とペアになって、今では懐かしい箱型のパソコンでロールプレイングゲームを作っていました。部室はカーテンを閉め切って暗室にしていました。その時の僕の心を映し出しているようでした。

自分を表現できるものを失うと、何に対しても自信を失ってしまう。たったひとりでボールを蹴ることしかできない僕は、抜け殻のようでした。

中2でサッカー部へ

ここでまた、小さな幸運が僕を救ってくれるのです。

中学校入学は1993年で、その年の5月にJリーグが開幕しました。

Jリーグのプレ大会として行なわれた前年のヤマザキナビスコカップを観ていた小学校6年当時は、「自分もこの舞台に立つぞ!」という希望に満ち溢れていました。しかしその後、大きな挫折を経験した中学1年時は、「この場所に立ちたいけど、どうかなあ」という受け止めに変わっていました。

それでも、Jリーグ開幕は真っ暗闇に差し込んだひと筋の光、と言えるものでした。ひとりでもサッカーを続ける支えになっていたのです。

友人にも恵まれました。

中学校のクラスメイトが、「府ロクサッカー少年団の中村憲剛」を知ってくれていたのです。彼はサッカー部に入っていて、僕がクラブを辞めたことを知ると、部活に誘ってくれました。何度も辛抱強く。

最初のうちは「いやっ、オレはもういいよ」と断っていたのですが、ひとりでボールを蹴るだけではなくてサッカーがしたい、試合がしたい、という欲求は高まるばかりです。そして、中学2年からサッカー部に入ることになりました。

クラスメイトにサッカー部員がいなかったら、誰も僕を中学のサッカー部に誘ってくれなかったかもしれません。中村憲剛という「才能」がこの時点で封印されていたかもしれないと思うと、彼らと受け入れてくれたサッカー部のみんなには感謝しかありません。

こうした「巡り合わせ」や「出会い」は運命的なところがあります。意図して引き寄せられないものがあります。だからこそ、毎日会っている家族や友人、指導者やチームメイトなどとの関わりを含め、すべての人と過ごす時間はかけがえのないものとして、大切に過ごすようにする。**どんな「巡り合わせ」や「出会い」にも意味はあり、いつか自分の助けになってくれるという経験を、僕はサッカーを通して何度も経験していく**ことになります。

ポストユースの課題

日本のサッカー界には「ポストユース」という言葉があります。高校を卒業してJリーグのクラブに加入したプロ1年目から3年目の選手が、なかなか出場機会をつかめないという状況を指しています。19歳から20歳はU－20ワールドカップで主力を担う選手たちで、U－20ワールドカップでの成績は、U－23世代が出場する五輪に直結していきます。

ポストユースの選手たちに、いかに実戦の経験を積んでもらうか。ふさわしい環境を用意できるか。日本サッカーの成長を大きく左右するものとして、問題意識が広く共有されています。

サッカー選手として成長していくために、挫折は必要なプロセスだと指摘しました。ただ、挫折を知らずにプロになっていく選手もいます。

そうやってプロになった選手がJ1のクラブで出場機会をつかめず、2年後、3年後にJ2やJ3のクラブに期限付き移籍をする。試合に出場することでプレーを磨き、できることを増やし、自信をつかんで所属先へ戻る。時間はかかったけれどJ1で活躍するレベルに到達できれば、期限付き移籍は無駄ではなかったと言えます。

ただ、少し遠回りをしてしまったのは間違いない。

期限付き移籍を繰り返したままＪ１のクラブへ戻れず、Ｊ２やＪ３でキャリアを続けていく選手もいます。それがダメだ、などと言うつもりはありません。戦いのカテゴリーが下がっても、プロとしてキャリアを積んでいくのは簡単ではないのですから。ただ、プロ１年目から試合に出ることができたら、もっと早く結果を残せたかもしれない。もっと大成したかもしれない――そういう選手は、ひとりでも減らしたいものです。テレビなどでやっている「あの天才少年はなぜ消えた？」といったような企画は、選手育成という観点に立つととても残念なものです。

挫折を知らずに育った才能を、どうやって育んでいくのか。潜在能力を花開かせるのか。

日本サッカー界にとって、スポーツ界にとって、これは大きなテーマです。

Ｊリーグではポストユースの選手たちに出場機会を与えるために、Ｕ－21世代のリーグ戦を開催しよう、という構想があります。「19歳から21歳までの選手たちの試合出場を促す」という目的に沿って、参加チームや大会方式などが話し合われています。

ポストユースの壁にぶつかる選手がいる一方で、プロ１年目から試合に出ている選手もいます。

青森山田高校からＦＣ東京へ加入した松木玖生《くりゅう》は、プロ１年目からレギュラーポジションをつかみ、プロ３年目の24年夏にはイングランド１部のサウサンプトンへ移籍しました（24―25シーズンは就労ビザの関係でトルコ１部リーグのクラブでプレー）。

高校生でトップチームに昇格し、試合に出ている選手もいます。24年のパリ五輪でU－23日本代表のキャプテンを務めた藤田譲瑠《じょえる》チマは、当時J2の東京ヴェルディのユースチームに所属しながら、高校3年生でJリーグデビューを飾りました。プロ2年目にJ1へ昇格した徳島ヴォルティスへ移籍し、翌年にはJ1の横浜F・マリノスへ移籍します。そして、プロ4年目の23年夏には、ベルギー1部のシントトロイデンへステップアップしていきました。

こうしたポストユースの期間に、順調なキャリアを築いていく選手に対して僕ら指導者にできることがあるならば、**「上には上がいる」ということを伝える**ことでしょうか。

海を渡る若き才能

日本国内で「超高校級」だとしても、スペインには17歳でヨーロッパチャンピオンとなったチームのレギュラーとしてプレーしている選手がいる。「世界の物差しで測ると、上には上がいる。だからもっと自分を磨こう」と叱咤激励することが、選手たちの将来につながると思い接しています。

最近では高校卒業と同時に、ヨーロッパのクラブへ加入する選手が増えています。僕がロールモデルコーチを務めた23年のU－17日本代表だけでも、キャプテンの小杉啓太が湘南ベルマーレU－18からスウェーデン1部のユールゴーデンへ、道脇豊がロアッソ熊本からベルギー2部のベフェレンへ、吉永夢希が神村学園高校からベルギー1部のヘンクへ移籍しています。また、高岡伶颯《れんと》は日章学園高校を卒業する25年3月から、イングランド・プレミアリーグのサウサンプトンの一員となります。

ヨーロッパのほとんどのクラブは、18歳から20歳の選手だけで編成されるチームを保有していて、それぞれの年代でリーグ戦が行なわれています。吉永は2部リーグに属するヘンクのセカンドチームでプレーしています。

23年に神村学園高校からドイツ1部のボルシア・メンヘングラートバッハへ入団した福田師王は、U－19やセカンドチーム（U－23）のチームで実戦経験を積み、シーズン終盤にはトップチームに昇格しました。加入2年目の24―25シーズンは、セカンドチームでプレーしています。

Jリーグを経由せずにドイツでプロキャリアをスタートさせた理由について、福田は「セカンドチームからちゃんと育成してくれると聞いたので」と話しています。その言葉どおりに試合出場を重ね、ヨーロッパ各国やアフリカからやってきたチームメイトと切磋琢磨しているのでしょう。

福島県の尚志高校からドイツ1部のシュツットガルトへ加入したチェイス・アンリも、順調にステップアップしています。高校卒業後の22年4月に加入すると、セカンドチームでプレータイムをつかんでいきました。日本では身体能力の高いセンターバックとしてプレーしていましたが、ディフェンスラインの異なるポジションでも起用されていきます。

入団から3シーズン目となる24―25シーズンはトップチームに昇格し、リーグ開幕戦で初出場を果たし、第2節で初スタメンを飾りました。チームは前シーズンのリーグ戦を2位でフィニッシュしており、UEFAチャンピオンズリーグに出場しています。チェイス・アンリはここでも出場機会をつかみ、スター軍団のレアル・マドリードとの試合でピッチに立ちました。04年3月生まれの20歳は、世界最高峰の舞台で素晴らしい経験を積んでいるのです。

ヨーロッパではUEFAチャンピオンズリーグのU―19版とも言える「UEFAユースリーグ」も開催されています。日本のポストユースの年代で、ヨーロッパ各国のチームと真剣勝負ができます。UEFAユースリーグで優勝すると、南米のU―20世代の大会で優勝したクラブと、U―20インターコンチネンタルカップを争います。

高校卒業からすぐの年代で、国外のチームとこれだけ対戦できるのです。成功も失敗も経験して、悔しさも味わって、あがいていくのでしょう。

早期移籍の弊害

僕が現役だった当時にも、伊藤翔や宮市亮が高校卒業と同時にヨーロッパのクラブへ行きました。

ヨーロッパのクラブに在籍していた当時の宮市とは、日本代表で一緒にプレーしました。

彼は中京大中京高校卒業とともに、正確には卒業を少し前にして、オランダ1部リーグのフェイエノールトでプロキャリアをスタートさせています。オランダは伝統的に3トップを採用していて、両サイドにウイングタイプの選手を置きます。宮市はスピードスターですから、当たり前のようにウイングで起用され、タッチライン際から仕掛けていくプレーで評価を高めていきました。クラブが求めるものと彼の特徴が、キッチリ重なり合っていたのです。

宮市が初めて日本代表に招集された当時の監督は、イタリア人のアルベルト・ザッケローニさんでした。チームは一貫して4―2―3―1のシステムを採用していて、宮市と同じ左ミッドフィルダーでは香川真司が起用されていました。サイドよりも中央で自らの良さを発揮する香川は、内側へ入ってトップ下の本田圭佑らと連携していき、左サイドのタッチライン際はサイドバックの長友佑都がオーバーラップして使う、というのがチームの攻撃パターンとなっていました。

宮市は香川と同じ「3の左」として招集されたのですが、彼にとって左サイドから内側へ入っていく動きは、それまで求められていなかったものです。「いつ、どこで、どういう動きをすればいいんだ？」ということになり、自分の一番の武器であるスピードをいかせる場面でも、「違う動きが正しいのでは？」と疑心暗鬼になってしまう。同じポジションでも、自分の特徴と監督の求めているものが違うことで、パフォーマンスに影響が出てしまいます。

宮市はその後多くのクラブを渡り歩き、2024年現在も現役を続けています。30歳を過ぎても持ち前のスピードは健在で、プレーの幅も代表デビュー当時とは比べられないぐらいに広がりました。スピードという才能を大事にしながら、足りないものを補っていったのでしょう。

Jリーグではなくヨーロッパのクラブでプロデビューを果たす選手は、今後も増えていくと考えられます。果たしてそれが、才能を大きくすることになるのか。潰さないことになるのか。今はまだ判断材料が少なく、その推移を興味深く見守っていきたいと思います。

同時に、ヨーロッパとは育成環境の異なる日本で、選手たちに絶えず刺激を与えていくにはどうすればいいのか。**若い「才能」をそのまま伸ばしていけるのか。**「ポストユース」という課題を、どうやって解消していくのか。

指導者のひとりとして、考えていくべきテーマです。

恵まれた環境が奪うもの

同点で迎えた試合の終盤に、ずば抜けて足の速い選手が途中出場で入ってきたら？対戦相手にとっては厄介でしょう。その選手が技術に難があったとしても、スピードで振り切られて失点につながるシーンを作られてしまう可能性があるからです。

レーダーチャートのひとつが突出している「一点突破型」とでも言うべき才能が、かつてはいたと聞きます。21世紀の今よりも多くいた、と。

なぜ、減ってしまったのでしょう。

色々な理由が考えられます。

僕がサッカーを始めた1980年代の日本では、小学校の校庭でも、近所の公園でも、ボールを蹴ることができました。公園にゴールはないので木と木の間にボールを通したら1点とか、周りで遊んでいる子どもたちにボールが当たらないようにするとか、「与えられた条件のなかでどうしたら楽しくサッカーができるのか」を、自分たちなりに工夫していました。ブラジルの子どもたちが、ストリートサッカーに興じるのに似ていたかもしれません。

サッカースクールではないので、コーチはいません。大人がいるとしても誰かのお父さんかお母さんで、見守りのような立場なので「ああしなさい、こうしなさい」と言われることはない。今振り返ってみると、「自分たちなりの工夫」は「考えてサッカーをすること」だったのだろうと感じます。みんなでアイデアを出し合うのはストレスではなく、想像力をかき立てられるものでした。

２０２４年現在の子どもたちは、どんな環境でボールを蹴っているのか。

小学校の校庭や近所の公園には、使用するにあたって様々なルールがあります。校庭の開放には自治体ごとにルールがあり、開放していない小学校もあります。

公園は「ボール遊び禁止」のルールを設けているところが多くあります。そうした制限は、他でもない子どものためなのでしょう。しかしながら、日が暮れるまで思い切りボールを蹴ることは、とても難しい環境です。

その代わりではないですが、サッカースクールが増えました。Ｊリーグのクラブが運営するスクール、地元に根ざした街クラブの運営するスクール、技術に特化したスクールなど、様々な場所が子どもたちの受け皿になっています。

スクールにはコーチがいて、コートがあります。十分な数のボールがあり、色々な設定に役立つ用具も揃っている。

子どもたちはコーチの指示に従って、決められた時間内にサッカーをします。ボールをうまく蹴ることができなければ、コーチが「こうやってごらん」と教えてくれる。子どもたちが安心してサッカーができる環境を整えるのは、とても素晴らしいことです。

ただ、**すべてが用意された環境では、子どもたち自身が考える場面が減ってしまいます。自由な発想が育まれにくいのです。**

どうやって伝えるか

日本サッカー協会は指導者ライセンス制度を設け、指導者のあるべき姿を提示し、必要な知識が学べる機会を作っています。指導する対象年齢が上がるにつれて、ライセンス取得のための講習会も期間が長くなります。僕自身も年単位でライセンスを取得していき、24年に国内最上位のＳ級コーチライセンス（Ｐｒｏライセンスに改称）を取得することができました。

Ｃ級、Ｂ級、Ａ級、Ｓ級と通ってきた中で、様々な学びがあり、色々なチームの指導者と交流してきました。日本サッカーの持続的な成長のために必要な指導について、たくさんの人たちと議論を重ねていきました。ライセンス取得者の数が増え、その方たちが育成年代の子どもたちを教えるということは、サッカーへの理解が深まり、プレーの原理原則を学べるという意味で良いと思います。

僕自身の経験も踏まえると、学んだことは教えたくなります。指導者講習会で学んだものを、実際の指導の現場で使ってみたいと考えます。使わなければ学んでいないのと同じで、使うことで自分のものになり、自分なりに改良することで自身の成長を促すことができます。

そこで重要なのは、何をどのように伝えるのか。

「こうすればうまくできるよ」と、最初から答えを伝えるのは手っ取り早いですが、それでは子ども自身が考える余白をこちらの答えが埋めてしまう。しかもこちらの考えも正解かどうかは分からない、にもかかわらずです。

うまくいかない原因を自分で考え、トライしたうえでうまくいった、いかなかったということを自分で体感することで納得感が高くなります。そうやって自分事として身に付けたモノが、子ども自身に芯として残っていくと思います。

元日本代表監督のイビチャ・オシムさんはそうでした。「こうなったらこうしろ」と、強制することがほとんどありませんでした。「こうしたほうがいいんじゃないか」、「こういうやり方もあるぞ」と選択肢を与える、選手の可能性を広げる声掛けをしていました。

「こうしなさい、ああしなさい」と教え込まれると、子どもは「そのとおりにしなきゃ、しないと怒られるかもしれない」という思考になります。情報過多で思考にすき間のない状態になり、自分なりの発想を表現する余裕がありません。創造性とか意外性のあるプレーが、なかなか出てこないのです。

子どもは社会の鏡です。2024年の社会環境で、どうやって「考える力を育んでいく」のか。子どもたちの才能を伸ばすために、我々指導者を含めた大人たちの取り

組み方、接し方が問われています。

個人よりもチーム

「一点突破型」の才能が減っているもうひとつの理由として、日本サッカー界に根づく選手育成の考え方があると感じます。「加点法式」ではなく「減点法式」です。

並外れて足が速い子どもがいるのなら、その「速さ」をもっといかす指導があっていい。その子がフォワードなら、ディフェンダーと駆け引きをしてパスを引き出す楽しさとか、ディフェンスラインの背後へ抜け出す爽快さを伝えてみる。速さという才能を引き立てる予備動作などに光を当てる。それを身に付けることができれば、子どもの中で新たな欲求が芽生えていくはずです。

ディフェンダーとうまく駆け引きができるようになったら、シュートを決める確率を上げたいと思うでしょう。シュートへ持ち込む動作をもっと突き詰めたいから、ディフェンスラインの背後へ抜け出して、ボールをきちっと止めて、シュートへ持ち込めるようにする。自分の才能をもっといかすために、それまで意識していなかった才能を磨くサイクルに入っていくのです。

ここでも重要なのは、指導者のアプローチです。

才能をそのまま伸ばそうとする指導者がいれば、その才能を伸ばす前に足りないところを補おうとする指導も見受けられます。レーダーチャート自体を大きくするような指導法です。

身に付いていないものを補強する意味では、そのアプローチも前向きなものに映ります。

しかし、選手側の受け止め方は違います。

「これを伸ばしたら、キミの才能はもっと生きるよ」と言われたら——よしっ、やってみようという気持ちになると思います。

「キミには足りないものがあるから、まずそれを克服しよう」と言われたら——すぐには気持ちが前向きにならないかもしれません。得意ではないこと、苦手なことに取り組むのは、誰だって気が進みません。

現代サッカーでは規律、ハードワーク、インテンシティといったものが重要視され、中学生や高校生の指導の現場でも、そうしたものが落とし込まれています。攻撃の選手にも守備が求められ、守備の選手も攻撃への関わりを問われます。

サッカーを戦術的にとらえる視点も、当たり前のようになっています。4—4—2とか3—4—2—1といったシステムで、チームがいかに機能するのかが議論されていく時代です。

11人の機能性がより重視されてきている時代なので、どうしても組み込みにくい選手が出てきてしまいます。

たとえば、攻撃のアイデアが豊富で独特の感覚を持っているけれど、守備が苦手で周りに負担をかけてしまうことがある。全員が攻守でハードワークを求められているなかで、そのタイプの選手を使うのが難しくなってきているように感じます。**チームの戦術が「才能」より重視されるのは、ごくまれな例外を除いて世界的な傾向と言っていいかもしれません。**

左利きという才能

では、「戦術より重視されるごくまれな才能」とは、具体的にどんなものでしょうか。

僕なりの答えを明かす前に、「名波浩さん、中村俊輔さん、玉田圭司、本田圭佑、家長昭博、堂安律、伊藤洋輝、久保建英」の共通点を探してみてください。

そう、「左利き」だということです。

利き足は生まれつきでしょうから、左利きは「授けられた才能」と言っていいでしょう。

サッカーにおいて、左利きのプラスアルファは大きいです。左利きの選手がいることで、チームの戦術に幅が生まれます。

左利きの人は想像力や閃きを司る「右脳」が発達している、と言われます。なるほど左利きの選手は、僕ら右利きとは思考回路が違うな、という印象があります。

右利きの選手は、左足も使います。使用頻度は多くないかもしれませんが、左足でパスを出すし、シュートも打つ。僕自身、利き足の右足のシュートはパンチ力がありますが、左足は力みのないフォームでコースを狙うことができていました。

ところが、左利きの選手はほぼ右足を使いません。

日本代表で中村俊輔さんと長く一緒にプレーし、川崎フロンターレでは家長とチームメイトでしたが、彼らは自分の左足を輝かせることに集中しているし、そのために、ボールの持ち方も左足に合わせます。自分の世界というものがはっきりとあり、周りに合わせることももちろんできますが、それ以上に僕らも彼らに合わせたほうが広がりがある。それで良いと思うので、彼らに合わせて動くようにしていました。

なぜそうなるかというと、11人に占める左利きの絶対数が少ないからです。彼らの「独特な感覚」を引き出したほうが、チームにとってメリットが大きい。

稀少価値が高いので、指導者も左利きの選手は伸び伸びと育てるのかもしれません。サッカーの本質的な部分はもちろん要求するのでしょうが、左利きの選手に「右足のキックを練習しろ」という指導者はほとんどいないのでは。指導者になった僕自身も、右利きの選手には「左足も使えるようになったほうがいいよ」とアドバイスしますが、左利きの選手に「右足も使えるようにしたら」と何度も言ったりはしません。左利きにはそれ自体に大きな価値があり、その価値を損ねるようなことはしたくないからです。

メッシの股抜き

左利きの世界的スターと言えば、誰もが思い浮かべるのはリオネル・メッシでしょう。

彼がプロデビューを飾った2005年当時と2024年では、サッカーは大きく変わっています。とりわけ、戦術的な変化は大きく、それに伴って選手に要求されるものも変わり、なおかつ増えています。

そうした変化の真っただ中に身を置きながら、メッシはメッシのままで在り続けている。これは、簡単なことではありません。

キャリアの大半を捧げたFCバルセロナでも、アルゼンチン代表でも、現所属先のインテル・マイアミでも、彼の存在こそが主戦術となっている。そうさせるだけの納得感がケタ外れなのです。彼を前線に置いておけば、確実に得点を取り、チームメイトに取らせることができている。

守備面では、率直に言ってハードワークするタイプではありません。現代サッカーではフォワードも守備のタスクを担うものですが、アルゼンチン代表のリオネル・スカローニ監督は選手の組み合わせでメッシの守備のタスクを軽減しています。ロドリゴ・デ・パウルやエンソ・フェルナンデス、アレクシス・マクアリステルといった活動量豊富にプレーできるミッドフィールダーを起用することで、チームとしての守備力を維持しているのです。

　メッシが守備にあまり関わらないのは、それはそれで厄介です。自分たちが攻めている局面で前残りされたら、メッシのカウンターを警戒するためにふたりは残すべきでしょう。メッシという存在自体が、攻撃参加を踏み止まらせる抑止力を持っているのです。

　FCバルセロナでデビューした当時は、スピードをいかした直線的なドリブルで相手を抜き去っていました。爆発的と言うほどのスピードの持ち主ではなく、華麗なフェイントを数多く使いこなすわけでもありません。最終的には左足でパスかシュートをするので、かなりの高確率で左へ持ち出そうとする。誰もがそうと分かっているのに、対峙するディフェンダーは置き去りにされてしまう。

　22年のワールドカップ・カタール大会準決勝のクロアチア戦で、メッシは1ゴール1アシストを記録しました。69分のアシストは、クロアチアのヨシュコ・グヴァルディオルとの1対1を制したことで生まれました。当時20歳にして高い評価を集め、現在はマンチェスター・シティの一員となった屈強なセンターバックを、ものの見事に翻弄したのです。

　ちなみのこのアシストは、右足で出しています。彼は時折、右足を使う。これもまた、対峙する選手からすると厄介です。

メッシの一挙手一投足は、あらゆる角度から分析されている。なぜ彼は、それでも相手を抜けるのか。自分がボールを持った1対1に、圧倒的なまでに強いのか。その理由の一端に、触れたことがあります。

２０１０年10月に埼玉スタジアムで行なわれた日本代表対アルゼンチン代表の一戦で、僕は後半途中から出場しました。メッシがドリブルで日本の陣内に入ってきたところ、ドリブルが少し大きくなりました。「よし、取れる」と思って食いついた瞬間——。股抜きをされていました。小さい頃から股抜きをすることはあっても、されたことはほとんどなかっただけに、一瞬何が起きたのか分かりませんでした。

この時に、「対戦する選手たちはメッシのやることがある程度予測がつくのに、なぜ対応できないのか」という問いの答えを、身をもって体感したのです。

メッシは身長１６９センチで、ストライドは大きくないので、一歩で距離を稼げるタイプではありません。考えられるのは、ドリブルが少し大きくなった後の尋常ではない足の運びの速さです。それまで僕が体感したことのない速さで間合いを詰めて、僕の股間へボールを通したのだと想像します。

自分と対峙する相手選手が「左足でプレーできる方向へ持ち出す」と予測していることを、メッシは分かっている。だからこそ、餌を撒いて相手に足を出させた後に尋常じゃない速さで股を通したり、切り返したりする。それができるから簡単にボールを失わない。右利きに比べると少し身体から遠くにボールを置くといった工夫もしている。自分が体感したことで、より深く理解することができました。

ロッベン、ハーランド、ヤマル

オランダ代表として活躍したアリエン・ロッベンも、分かっていても止められない選手でした。

右ウイングのポジションからカットインし、ゴール左上スミへシュートを突き刺すのが得意でした。何度も同じパターンで得点を決めていて、その形へ持ち込もうとすることは十分に予測がつくのに、それでも逆を取られてしまう。彼もメッシと同じように、時に縦への突破を見せていました。対峙するディフェンダーからすると、「カットインが続いているから、今回は縦への突破では」という警戒心を捨てることができません。言い方を変えると「迷い」が生じてしまうわけで、その時点で駆け引きでは劣勢に立たされてしまうわけです。

左利きが稀少なのは、世界的な傾向です。右利きに比べて練習中から対峙する機会が少ないことが、彼らへの対応を難しくしているのかもしれません。

アーリング・ハーランドも左利きです。右足のシュートも非凡で、空中戦でも破格の強さを発揮していますが、彼はレフティです。身体能力の高さ、シュートセンス、スピードといった才能に加え、稀少価値の高い「左利き」という才能がかけ合わさっている彼が、世界最高のストライカーと呼ばれるのは個人的には納得できます。旬の選手なら、ラミン・ヤマルも左利きです。彼もまた、対峙するディフェンダーから遠いところへボールを置く。ディフェンダーからすると、ボールに届きそうなのに届かなくて、足を出したら逆を取られる。うかつに飛び込めない。

守備側の心理として、1対1で相手の足元へ飛び込んで逆を取られると、次にまた同じような局面を迎えた場面でためらいが生じます。今度は抜かれたくないので、より慎重になったり、前回よりも間合いを少しだけ長めに取ったりする。距離にすれば数十センチの違いに過ぎないかもしれませんが、トップ・オブ・トップのレベルではそれが決定的な違いになり得るのです。

ユーロ2024で、ヤマルは1ゴール4アシストを記録しました。どれも素晴らしいプレーでしたが、共通しているのは「対峙する選手が寄せきれていない」ということです。より正しく表現すれば、「本当はもっと寄せたいのだけれど、寄せきれなかった」のでしょう。

才能はかけ合わせによって大きくなる、というのが僕の考えです。「止める、蹴る」がしっかりしている選手が、「相手が嫌がるところへパスも出せて、正確なシュートを打つ」ことができ、どのプレーを選ぶかの判断が適切だったら——ボールを持ったその選手に対して、守備側はパスも、シュートも、自分で持ち出してくることも警戒しなければならない。複数の才能がかけ合わさることで、その選手は自分が表現したいプレーをすることができ、チームに利益をもたらすことができるのです。
そのかけ合わせにおいて、「左利き」は5倍ぐらいの価値があると感じます。

才能のトリセツ

サッカーは対戦相手と競い合うスポーツです。一人ひとりが身体的に鍛えられていて、ハードワークが売り物の相手との対戦では、「フィジカルで負けないことが優先で、技術に特徴のある選手はスタメンではなかなか起用しにくい」とコーチが考えてもおかしくありませんし、それはとても理解できます。とくに中学生年代や高校生年代では、「勝利」を目的としつつも「選手の育成」と向き合ってどこまでバランスを取ってマネージメントをしていくかがとても重要です。それが一人ひとりの才能を尊重し、守ることにつながるのではないかと思います。

学校や公園で自分たちで好きなだけボールを蹴ることができなくなっている今、教えられることが日常的になっている子どもは、「言われたこと」はきちんとやります。けれど、「言われていない」プレーや「裏をかくプレー」はそこまで多くは見られません。「どうやっていいのか分からない」のかもしれないですし、「言われていないことをやったら、監督やコーチに怒られるのでは」と考えているのかもしれません。

5レーンと呼ばれるポジショニングの理論があります。相手が4バックだとディフェンスラインのすき間は５つあるので、全員がその間に立つことで相手にマークを絞らせない。自分たちは攻めやすく、相手は守りにくくなるのですが、それもケース・バイ・ケースです。５つのレーンに立つことは相手の守備陣形を攻略するための手段であり、相手を見ながら自分の立ち位置を変えていくべきです。

ところが、５レーンどおりに立つことが目的になっているチームや選手を見かけることがあります。おそらくこれは、「言われたことをしっかりやろう」という気持ちが強いからなのでしょう。

これも、今の子どもたちに見られる特徴的な傾向だと思います。

「才能」の伸ばし方に、取扱説明書も、マニュアルも、ありません。一人ひとりの選手に応じてカスタマイズしていくべきです。

子どもの成長には個人差があり、中学生年代で一気に身長が伸びる選手がいれば、高校生になってから伸びる選手もいます。僕の小学校、中学校、高校の友だちは、プロサッカー選手になった中村憲剛を見てさぞかし驚いたことでしょう。小さくて華奢だったあのケンゴが、まさかプロになるとは、と。

後の章でも詳しく触れますが、僕自身が育成年代で体格差や能力差に本当に苦しみ、苦しみ抜いたからこそ、その後のキャリアがあります。それは引退後の育成年代の指導で、リアルに直面している問題でもあります。

将来を見据えた指導は、本当に難しい。それを承知のうえで、「５年後、10年後にこの選手はどうなっているだろう」という想像力を働かせたいものです。

chapter 3

変わることを恐れるな

幼少期から足が速い、身体が大きい、身体が強い、という子どもは、才能が可視化されやすいです。どうしても試合で目を引く存在なので、大会で活躍したりすればJリーグのクラブの下部組織からスカウトされるかもしれません。

トップレベル以外の子どもが才能を開花させるには、家族の協力が欠かせません。

Jリーグのクラブのジュニアユースやユースは、寮のあるクラブは別として、地元の選手が集まる印象があります。地元の子どもたちが多いのは間違いありませんが、片道数時間かけて練習に通う子どももいます。子どもがスムーズかつ安心して練習へ通えるように、ご両親や親族が送り迎えをするなどの必要が生じることがあります。

小中学生年代でスカウトの目に留まらなければ、Jリーグのクラブのセレクションを受けたりすることになるでしょう。その場合も親のサポートは不可欠です。どのクラブを選ぶのか。受かったら練習へ通う環境を整えて、受からなかったら次はどうするのかを考えて——。

サッカーに限らず子どもが打ち込んでいるものに、家族がどれぐらい関与するのかは難しいところです。親の子どもに対する関わり方や距離感は、家族によってそれぞれでしょうから、「こうすればいい」という答えはありません。自分たちで最適解を見つけていくしかないのですが……。

はっきりしていることがあるとすれば、「親の期待を押しつけない」ことでしょう。

「才能が見込まれる選手なら、そのますますすくすくと成長してほしい」

「才能がまだ花開いていないのなら、早く開花してほしい」

僕も子を持つ親なので、その心情はとても理解できます。どちらのケースでも親の期待や願望に沿って背中を押し続けるのは避けたい。「Jリーグのジュニアユースに入ろう」とか「必ずプロになろう」といった親の言葉を、プレッシャーに感じる子どももいます。

子どもたちにとってのサッカーは楽しいもので、強制されるものではありません。試合から帰ってきた子どもたちには、「勝った?」ではなく「楽しかった?」と聞きたいものです。

僕の父は勝負事にとても厳しく、「やるからには勝て」が決まり文句でした。小学生年代の頃は試合に負けると、父に怒られたものです。「今日の結果は憲剛の頑張りが足りなかったからだ。キャプテンなのだから、チームメイトに決して責任を押しつけてはいけない」とキツく言われました。

サッカーに厳しい反面、「勉強をしなさい」とは言われませんでした。「やってもやらなくても、その結果は自分に跳ね返ってくる。やらないで自分の進路が狭まったとしても、それは自分の責任だ。俺の人生じゃない。お前の人生だから」と言うのです。

正直、「勉強しろ」よりも厳しい言葉だな、と今は思います。

今の自分の行動が、未来の自分を決める。 そんなふうに諭されたら、やらないわけにはいきません。やらないはずがありません。言われた時は反発心もありましたが、結果的に僕の中にとても残っている言葉のひとつです。

「BGM」の重要性

「**親の言葉は子どものBGM**なのです」。僕が引退後に知り合いになった、スペインのフットボールクラブ、ビジャレアルのスタッフである佐伯夕利子さんの言葉です。

自分の子どものチームが試合に負けて、親が「監督の采配が結果につながらなかった」とか「うちの子ども以外のチームの誰かが良くなかったからだ」と口にしたら――子どもは、その言葉を自分の心に刷り込んでいきます。その日々が続いていけばどうなるか。次にまた負けたら、子どものほうから「監督が……」、「あの選手が……」と言い訳を並べるかもしれません。

サッカーに打ち込む成長期の子どもたちは、学校の先生、サッカーの指導者、それに親と接しながら日々を過ごしていきます。そのなかで子どもと一番長く接するのは、普通に考えれば親になるでしょう。

ここで、BGMの重要性が浮上してきます。

子どもが活躍すれば、親は褒めるに違いない。３人の子どもを持つ僕だって、子どもがスポーツで頑張ったら、「良くやったね」と言ってあげたい。けれど、「すごいね」、「活躍したね」というBGMにまみれたら、子どもは「これでOKだな」という思考になります。自分ができなかったプレーを振り返って学ぶことや、模範となるプレーから学ぶといったことが、どうしても後回しになってしまいます。

子どもに対して、いつ、どんな言葉を、どのタイミングでかけるのか。難しいです。悩みます。自分の子どもに対しても、指導する選手に対しても、いつも考えています。Jリーガーとして18年間戦った経験から言うと、**「勝利の後の反省は一番の幸せ」**でした。

そう考えると、子どもがうまくプレーできた後、勝った試合の後が、アドバイスをする好機かもしれません。できていることを自覚させるだけでなく、うまくいかなかったことに目を向けさせる。「自分にはどんな才能があるのか」について、より大きな視点でとらえていってもらうのです。

グアルディオラ、ラモスさん、翼くん

サッカーは多様性のあるスポーツです。

ノルウェー代表フォワードのアーリング・ハーランドのように、195センチの高さがありながら速くて強いというスーパーアスリートがいれば、身長が170センチほどでも世界的地位を獲得する選手もいます。37歳にしてなお世界のトップ・オブ・トップに君臨するリオネル・メッシは、169センチです。

身体の大きい選手には大きいなりの、大きくない選手には大きくないなりの才能のいかし方があります。自分の武器は何なのか。何を強みにすれば、自分よりも身体が大きな選手、自分より身体が強い選手、自分より俊敏な選手に対抗できるのか。対抗するだけでなく、相手を上回ることができるのか。そうやって**「自分を知る」ことで、才能を最大限に発揮することができる**と思います。

中学2年生で再びサッカーを始めた僕は、依然として華奢で小柄な少年でした。足も速くありません。

ドリブラーだった小学生のイメージのままでプレーすると、ディフェンダーを抜けません。フィジカルコンタクトで飛ばされてしまいます。

クラブを辞めた中学1年から中学2年で部活に入るまでの間に、自分のプレースタ

イルについて考えていました。上級生に混じったら明らかに身体が小さく、同級生に比べても身体の線が細い自分は、どうしたらサッカーを楽しめるのか。チームに貢献できるのか。

そんなことを考えていると、ふたりの選手が目に留まりました。

ひとり目がペップ・グアルディオラです。引退後はバルセロナ、バイエルン、マンチェスター・シティとビッグクラブを率い、勝利を重ねる名将の現役時代です。

1992年12月に国立競技場で行なわれたクラブ世界一決定戦、トヨタカップのFCバルセロナ対サンパウロFC戦で、FCバルセロナの中盤にドンと構えていたのがグアルディオラでした。試合は1対2で敗れるのですが、背番号3を着けた細身の選手のポジショニングと技術が、僕の心に強烈なインパクトを残しました。チーム全員を操っているように感じられたのです。

もうひとりはラモス瑠偉さんです。

グアルディオラと同じように長身でスリムなラモスさんは、チームの誰よりもボールに触り、それでいて失わない。球際の攻防で猛烈にファイトする。

グアルディオラとラモスさんのプレーを見ながら、「自分は何かを変えなければいけない」との危機感を持ちました。サッカーを続けたいのなら、それも小学生当時のように楽しさを噛み締めたいのなら、このままではいけないのだろう、と。

中学1年、2年時点での自分のスペックを使って、自分の思い描くプレーをするにはどうしたらいいのかを、絶えず考えるようになっていきました。そのロールモデルが、グアルディオラであり、ラモスさんだったのです。

府ロクサッカー少年団は基礎を重視するクラブで、足のどこの部分でボールをミートするのかといった細かなところまで、コーチが指導をしてくれていました。6年間でみっちりと基礎を教え込まれたので、「止めて、蹴る」については自信がありました。その技術をどうやっていかすのかについて、自分なりに考えを巡らせていくようになったのです。

自分を変えることにためらいがなかったのは、変えることとの成功例に間接的に触れていたからかもしれません。

『キャプテン翼』の大空翼くんです。小学生の翼くんはセンターフォワードとして活躍しますが、中学生になるとトップ下に転向します。テレビアニメと漫画で『キャプテン翼』に触れていた僕は、「ああ、これだ！」と思いました。小学生では2トップの一角や1・5列目でプレーをしていたのですが、中学生ではグアルディオラやラモスさんをモデルとしたセントラルミッドフィールダーに、自分の適性を見出したのです。

僕が中盤へのコンバートをためらわなかったのは、翼くんのおかげです。これを受け入れなかったら、僕は先に進めませんでした。

ポジション変更をきっかけに

ポジション変更をキャリアアップにつなげた選手は、実は意外なほど多いのです。

日本代表で長く活躍した内田篤人と酒井宏樹は、攻撃的なポジションからサイドバックへコンバートされました。左サイドバックの第一人者として長く戦ってきた長友佑都も、明治大学在籍時にボランチからサイドバックへコンバートされています。川崎フロンターレでチームメイトだった右サイドバックの山根視来《みき》も、大学時代はウイングだったそうです。

香川真司は高校生年代まではボランチで、サイドバックで起用されたこともあります。トップ下で活躍したイメージが強いですが、プロ入り前は様々なポジションでプレーしていました。

海外へ目を移せば、元ウェールズ代表のギャレス・ベイルの名前が挙げられます。彼は左サイドバックとしてプロデビューを飾り、移籍をきっかけに攻撃的なポジションで起用されるようになりました。プレミアリーグのトッテナム、ラ・リーガのレアル・マドリードとビッグクラブを渡り歩いたキャリアは、コンバートによって築かれたと言っていいかもしれません。

長谷部誠も、プレーヤー像をどんどんと変えていきました。

イビチャ・オシムさんの日本代表で一緒にプレーしていた当時は、3列目からドリブルで持ち運んでスルーパスを出す、といった印象でした。浦和レッズでは攻撃的なポジションも任されていたので、どちらかと言えばオフェンシブな選手とのイメージが強かったのではないでしょうか。

2008年にドイツ・ブンデスリーガのヴォルフスブルクへ移籍すると、2シーズン目から右サイドバックで起用されるようになりました。彼なりの葛藤はあったはずですが、監督に求められていること、チームの利益になることを追求した結果として、本職ではないポジションを受け入れたのでしょう。「自分が何をすれば試合に出られるのか」ということを察知するアンテナは、ものすごく高い選手なのです。

彼は右足のキックが力強い。その武器をどうやって出すのか、ということも考えたはずです。ブンデスリーガでは1対1での戦いを指す「ツヴァイカンプフ」が重要視されますから、ボール際の戦いで粘り強く、しぶとく戦う。90分を通して走り切る。そういったベーシックなタスクを突き詰めることで、監督やチームメイトの信頼をつかんでいったと感じます。

最終的には3バックのセンターが定位置になりました。ニコ・コバチ監督による配置転換は、彼のインテリジェンスを最大限に引き出しました。守備では正しいポジションを取りながらディフェンスラインをコントロールして、味方にボールを奪いにいかせるのか、自分が奪うのかを適切にジャッジする。チームに流れを持ってくる、利益をもたらしてくれるので、監督からするとありがたい存在です。

キャラクターを変える

長谷部と僕は、イビシャ・オシムさんのもとで初めて日本代表でともにプレーしました。ただ、彼は継続的に呼ばれていたわけではなく、ヴォルフスブルクへの移籍後に日本代表で再会しました。

しばらくぶりに会って、「あれっ？」と感じたことを思い出します。率直に言って、びっくりしました。

キャラクターが変わっていたのです。

最初に会った時は「自分がやりたいことをしっかり主張する」印象でした。それが、自分のやりたいことはまず脇に置いて、監督の言うことを誰よりも実践し、そこで自分の強みを出せるようになっていたのです。

僕自身が指導者になってみると、自分の言うことを全力で率先して実行してくれる選手は、ありがたくて嬉しい存在です。彼自身もそれで自分が成長できている、という感覚を得ていたのでしょう。

２０１０年のワールドカップ・南アフリカ大会の直前には、ゲームキャプテンに指名されました。チームはテストマッチで勝つことができず、急きょシステムを変更しました。

緊急事態での就任ですから、大変だったことでしょう。けれど、その状況で任せても大丈夫だと、岡田武史監督に決断させるパーソナリティを持っていた、ということなのです。

生まれながらのキャプテンタイプではなかったかもしれません。それでも、チーム内での自分の立ち位置を理解して、周囲に好影響を与えることのできる存在となっていった。誰もがその存在価値を認める、素晴らしいキャプテンでした。

日本代表のチームメイトでは、玉田圭司もプレースタイルを変えていきました。プロキャリアをスタートさせた柏レイソルではドリブラーで、日本代表でも2トップの一角としてプレーすることが多かった。そのドリブルはキュキュッという音がするような鋭さがあり、ディフェンダーを翻弄する彼の姿をチームメイトとして頼もしく思い、対戦相手としては油断のならない存在だと感じていました。

30歳を過ぎたあたりからでしょうか。ポジションを少し下げるようになりました。2シャドーやトップ下で起用されることが増えていきます。そもそも彼は最前線で張るというよりも、中盤へ降りてボールに触ることで自分のリズムを作り出すタイプでした。玉田自身、「ストライカーというよりもチャンスメーカー」と話していたようですから、フォワードからトップ下へポジションを下げることに無理がなかったのでしょう。

彼は41歳まで現役を続けました。ストライカーとしての得点を取るスキルに加えて、スルーパスも巧みで周りと連携しながらプレーすることができた。そして、**ポジションを変えられる柔軟性があったことで、その才能は持続力を持つこととなったのでしょう。**

自分を変えていく

外国人選手なら、クリスティアーノ・ロナウドが選手像を変えてきました。

ポルトガル代表にデビューした10代当時は、キレのあるフェイントで相手を翻弄するドリブラーでした。それが、マンチェスター・ユナイテッドへの移籍をきっかけに、ストライカーの性格を強めます。ひとりで局面を打開し、決め切ることができる選手になっていきました。

加齢とともにスピードや瞬間的な身体のキレが衰えてくると（それでも、平均的な選手よりは優れているのでしょうが）、得点を獲ることに特化するようになりました。シュートの技術は衰えていませんから、ゴールでチームに利益をもたらすことができる。キャリアを通じて大きなケガをすることなく、40歳間近になっても試合に出続けることができているのも、彼をスーパースターたらしめる才能のひとつに挙げられます。

ポジションは変わらないまま、プレースタイルを変えていった選手は、日本にもいます。

日本代表のチームメイトだった中澤佑二さんは、187センチの大型センターバックでした。「ボンバーヘッド」と呼ばれたパワフルな空中戦が代名詞で、キャリアの絶頂時は身体能力の高さを前面に押し出して勝負する選手でした。

しかし、年齢を重ねていく中でプレースタイルが変わっていきました。相手が何を狙っているのかを常に読んで、考えて、守るべきところを確実に抑えるようになりました。

対戦相手として見ると、絶頂時よりも晩年のほうが嫌でした。身体能力で勝負できる場面は減っていたかもしれませんが、試合中に決してスキを見せない。ポジショニングを誤ることは、ほとんどなかったと思います。

佑二さんは僕と同じ40歳まで現役を続け、その過程で自分のプレースタイルを変えていきました。絶頂期の自分をずっと追いかけるのではなく、**長く第一線で活躍するために、自分を変えていく。それも、自分の「才能」をどうやっていかすのかに気づいていたからなのでしょう。**

「受け入れないと進まない」

配置転換は、才能を開花させるきっかけになります。

ただ、きっかけを生かすのも、逃すのも、本人次第です。

自分が得意としているポジションではなく、違うポジションでプレーする。「配置転換」とか「コンバート」と言えば耳触りは悪くないかもしれませんが、それまでやってきたポジションで失格の烙印を押された、と考える人がいてもおかしくない。

僕自身も何度かの「配置転換」を経験しています。

中学、高校、大学とトップ下で攻撃のタクトを振るうポジションを任されてきましたが、川崎フロンターレでの**プロ2年目に転機が訪れます。関塚隆監督から、「ボランチで起用したい」との打診を受けました。**

その時の自分は、どんな表情を浮かべたのか。

おそらくは「えっ」という感じだったでしょう。心のなかでは「嫌だ」と叫んでいた気がします。

現代サッカーではフォワードにも守備のタスクが、ディフェンダーにも攻撃のタスクが求められます。僕が主戦場としたミッドフィールダーも、攻守両面に関わっていかなければならない。

ただ、トップ下とボランチでは、攻撃と守備の比重が違います。それまでの僕は守備が得意でなかったために、ボランチへの配置転換に不安を覚えたのでした。「自分の得意なポジションで勝負したい」というプライドもあったのだと思います。

同時に、中学2年時にドリブラーからパサーへフルモデルチェンジしていただけに、

「これを受け入れないと、自分のキャリアは前へ進まないだろうな」というのは分かっていました。監督から打診されているのですし、トライして適性を認めてもらえれば試合出場のチャンスは高まる。フルモデルチェンジではなくマイナーチェンジなら対応できるだろう、という目算もありました。

さらに言えば、ボランチの役割を実体験したうえでトップ下へ戻れば、プレーの幅が広がる。配置転換の先にあるのはプラスの要素ばかりだと思えたので、「馴染みの薄いポジションで新たなものを獲得しよう」という発想へ持っていきました。

実際にボランチでプレーしてみると、トップ下に比べてパスを受ける位置が自陣寄りになります。距離にすると5メートルから7メートルほどで、そのぶんだけ相手のプレッシャーが緩くなります。ブラジル人フォワードのジュニーニョというスーパーな選手と呼吸を合わせ、彼の得点能力を引き出すことで、ボランチとしての地位を確立することができました。

コンバートを才能開花のきっかけとするには、まずその本人にコンバートを受け入れる柔軟性が備わっていなければなりません。

関塚さんは、なぜ僕をボランチにコンバートしたのか。ある記事で、「後ろから出ていくことができる。3列目から出ていって、ミドルシュートも打てる」と書かれていました。

僕は足が速い選手ではありません。「後ろから出ていく」ことも、「出ていってミドルシュートが打てる」ことも、自分では自覚していなかったのです。

けれど、3列目から出ていけ、ミドルシュートを狙っていけ、と監督に言われれば、プレー中に意識をするようになります。試合でうまくいけば、「自分にもできるのかな」と思える。成功体験を積み上げていけば、「できるのかな」が「できる」になる。自信が確信に変わり、3列目からの飛び出しもミドルシュートも、自分の長所として自覚するようになりました。

日本代表で初めて決めたゴールも、右足のミドルシュートでした。「この距離なら決められる」と、その時には自信を持って打つことができました。

自分では気づいていない才能、言わば「無自覚の才能」というものはあると思います。「自分には何ができて、何が足りていない」といった自己分析をしつつ、周囲の人たちに「僕ってどんな才能がありますか？」と聞いてみるのもいいでしょう。自分を知っている人だからこそ見えているものが、あるかもしれないからです。

川崎フロンターレのコンバート

僕が在籍した川崎フロンターレでも、配置転換の成功例はいくつもあります。

たとえば、**板倉滉《こう》**。

彼はアカデミー出身で、ボランチとしてトップチームに昇格してきました。しかし、プロ3年目まではなかなか出場機会を得ることができず、4年目に同じJ1のベガルタ仙台へ期限付き移籍をします。ここで3バックのセンターバックとして起用され、実戦経験を積んでいきました。

そのシーズンのオフには、いまや世界的メガクラブに挙げられるマンチェスター・シティからオファーが届きました。ボランチではなくセンターバックとしての適性を明確に示したことで、わずか1シーズンで世界のトップ・オブ・トップのクラブが注目する存在となったのです。

若年層の日本代表では、アカデミーで同期の三好康児をはじめとして、冨安健洋、堂安律、中山雄太、小川航基、久保建英といった選手とともに、U－20ワールドカップに出場しています。彼ら全員がのちにヨーロッパでプレーしているので、当時からお互いを刺激し合っていたことが想像できます。**配置転換と良きチームメイトとの出会いが、板倉を成長させていった**と言うことができます。

板倉とともに2022年のワールドカップ・カタール大会に出場した**谷口彰悟**も、183センチの大型ボランチとして入団してきました。1年目から数年は左サイドバック、センターバック、ボランチで起用され、4年目からセンターバックでの出場が多くなりました。日本代表デビューもボランチとして飾っています。

板倉も谷口も、当時から複数のポジションに対応できる柔軟性を備えていました。そのうえで、与えられたポジションに前向きに取り組む精神的柔軟性が、彼らを国際舞台で活躍できるタレントに成長させたと感じます。

川崎フロンターレから海外のクラブへ移籍した選手では、**旗手怜央《れお》も配置転換をステップアップにつなげています**。彼はフォワードとして入団してきましたが、鬼木達《とおる》監督は中盤やディフェンスラインでも起用して、彼の潜在能力をどんどん引き出していきました。

旗手は身体能力がずば抜けて高い。足が速く、身体が強くて、スタミナがある。どのポジションにも適応できる才能があり、技術的にもしっかりしている。**それまで自分自身でも気づいていなかった才能が、監督との出会いで開花した好例**でしょう。

20年から23年まで川崎フロンターレに在籍した山根視来は、プロ入り前はサイドアタッカーでした。それが、プロデビューした湘南ベルマーレで3バックのセンターバックで起用されるようになりました。

20年に川崎フロンターレ入りすると、4バックの右サイドバックが定位置になります。日本代表としてワールドカップに出場するまでになるのですから、彼のケースも配置転換の成功例と言っていいでしょう。

心技体の意味

驚きの配置転換もあります。

川崎フロンターレから鹿島アントラーズへ移籍した**知念慶**は、24年にランコ・ポポヴィッチ監督（当時）によってストライカーからボランチへコンバートされました。ポポヴィッチ監督は大分トリニータを指揮した当時、家長昭博をボランチで起用していますが、知念の配置転換には驚かされました。

川崎フロンターレでプレーしていた知念を思い返すと、ストライカーとしては少し優しい印象でした。「何が何でもオレが決める」というタイプではなく、自分よりも周りの選手のことをすごく考える選手でした。メンタル的な適性としては、ボランチに向いているのかもしれません。

フォワードでプレーしていた当時もプレスバックを厭わず、フィジカルの強さをいかして必ずと言っていいくらいにボールを奪い取ってくれました。ボランチで彼の才能を最大化させたポポヴィッチさんには、「さすがです」と言うしかありません。

才能を目覚めさせるのに、柔軟性と順応性は欠かせないのかもしれません。かたくなな心は、可能性を狭めます。

「心技体」という言葉があります。精神力、その競技に必要な技術、身体能力（大会や試合を乗り切る体力なども含む）の三つがバランス良く、しかも高いレベルで備わっていることで、最大限のポテンシャルを発揮できる、ということです。

技心体でなく、体技心でなく、体心技でもなく、心技体の順番なのは、意味があるのでしょう。

過度の緊張や極度の不安、あるいは精神的なストレスといったものに襲われると、自分本来のパフォーマンスを見せることができません。重要な意味合いを持つ試合でも「心」の揺れ動きが少ないとか、試合に合わせて「心」をコントロールすることにより、技術や身体能力を発揮することができるのでしょう。

体は衰えますが、技術は錆びません。心はいくつになっても成長します。

運命を左右する「出会い」

状況を変えるのは配置転換だけでなく「出会い」もあります。

森保一監督が指揮する日本代表の常連と言っていいフォワード**前田大然**は、山梨学院大学附属高校から当時Ｊ２の松本山雅ＦＣへ入団しました。ただ、進路が決まったのは高校３年時の冬だったそうです。Ｊリーグのクラブからオファーはなく、大学進学も考えていたところで、松本山雅ＦＣの練習に参加し、爆発的なスピードを反町康治監督（当時）に評価されたと聞きました。

松本山雅への練習参加は、高校の監督の強いプッシュでした。前田大然という才能を埋もれさせてはいけない、何とかして活躍の機会を与えたいという指導者の熱意が、彼のキャリア形成に大きな影響を与えたのです。すでに新人選手獲得の予算を使い切っていたにもかかわらず、クラブに獲得をプッシュした反町監督の慧眼も評価されるべきでしょう。

前田はプロ6年目に横浜F・マリノスの選手としてJ1リーグで得点王となり、スコティッシュ・プレミアリーグのセルティックFCへ移籍しました。22年のワールドカップ・カタール大会では、ラウンド16のクロアチア戦でゴールを決めました。

高校の先生の働きかけがなかったら、前田大然という才能が世界の舞台に立つことはなかったかもしれない。そう考えると、**「出会い」の重要性を実感**せずにはいられません。

たまたま目に留まる

同じく森保監督の日本代表で重要な役割を担っている伊東純也は、ヴァンフォーレ甲府でプロ入りしましたが、甲府のスカウトは最初から彼の獲得を狙っていたわけではなかったそうです。神奈川大学4年生の佐々木翔（ヴァンフォーレ甲府でプロ入りし、のちにサンフレッチェ広島へ移籍）を追いかけていたところ、ある試合に途中出場してきた1年生フォワードのスピードに驚かされた。それが伊東だったのです。

そこから伊東を獲得リストに加え、大学卒業と同時に獲得したのでした。ヴァンフォーレ甲府で1年目からレギュラーポジションをつかんだ伊東は、プロ2年目に柏レイソルへ移籍し、ベルギーのクラブを経てフランス・リーグアンのクラブでプレーしています。

Jリーグの湘南ベルマーレに在籍する鈴木章斗は、自分で意識しないうちにプロへの扉を開いたそうです。すでにベルマーレ入団の決まっていた選手の試合を観に行ったスカウトが、対戦相手のフォワードとしてプレーする鈴木に注目したのでした。

鈴木はプロ2年目の23年から試合出場を増やし、24年はチームの得点源のひとりと言える働きを見せました。彼はこう言います。

「Jリーガーを目ざしている中学生や高校生のみなさんには、1試合で自分のサッカー人生が変わることがある、ということを知ってほしいです」

クラブにとって獲得の本命でなかった選手は僕の身近にもいました。

川崎フロンターレに同期入団したジュニーニョは、クラブの強化部長がブラジルでスカウトしたのですが、最初に目をつけていたのは対戦相手の選手だったそうです。その試合でたまたまジュニーニョが目に留まり、来日することになりました。強化部長がこの試合を観なかったら、ジュニーニョが日本に来ることはなかったかもしれません。

23年2月から3月に、大学生の大会「デンソーカップチャレンジ」のプレーオフ選抜でヘッドコーチを務めました。チームにはJリーグのクラブから内定をもらっている選手がいれば、プロ志望でも行き先が決まっていない選手もいます。そんななかで、現役時代の僕と同じボランチでプレーした水口飛呂という選手が、この大会をきっかけにJ2リーグのレノファ山口FC入りを勝ち取りました。

彼は中学時に北海道コンサドーレ札幌のジュニアユースに在籍し、大阪の強豪高・履正社高校へ入学します。サッカーエリートと言ってもいい経歴ですが、中学、高校を通して公式戦に出場したことがなかったそうです。

それでも、岡山県のIPU・環太平洋大学で頭角を現わし、中国選抜などに選ばれて「デンソーカップチャレンジ」に出場し、サッカーキャリアを切り開きました。

日本代表にも欠かせない選手となった伊東が、大学生になるまで全国的には無名だった。J1で得点王になったジュニーニョが、小さな偶然をきっかけに来日した。**「出会い」は人生を左右すると実感させられます。**

都立久留米高校の山口先生

僕自身、サッカー選手としての自分を引き上げてくれる「出会い」に恵まれました。

中学2年から入部したサッカー部は、顧問の先生がサッカー経験者でした。しっかりとした練習メニューを組んでくれて、市民大会で優勝することができました。個人的にも小金井市選抜、三多摩地区選抜に選ばれました。

3年生になると顧問の先生が異動してしまい、ラグビー部の顧問の先生がサッカー部の顧問を兼任することになりました。練習は自分たちに任されることが多く、自分たちを律しても練習の質を保つのは難しく……。

全中と呼ばれる全国中学校サッカー大会の東京都予選は、1回戦負けです。あっけないという言葉も当てはまらないぐらいに、中学校でのサッカーは幕を降ろしました。夏休み前には、部活動を引退していたと記憶しています。

サッカーは続けるつもりだったので、その前提で進学先を選びます。第1志望は國學院久我山高校でした。サッカーに力を入れていて、全国大会出場も狙えるというのが理由でした。受からないことも想定して、都立久留米高校を第2志望にしました。その結果、都立久留米高校へ進学することになります。

都立久留米高校はその数年前に高校選手権に初出場していて、サッカー部の監督の山口隆文先生は東京都の国民体育大会・少年の部のコーチや監督を任されたり、日本サッカー協会指導委員会の委員を務めたりしていました。先生は最新のサッカー理論に通じていたのです。

ただ、選手にとっての監督は恐れ多い存在と言うか、気軽に話しかけられる対象ではありません。ましてや1年生ならなおさらです。体育教官室は校舎の2階にあり、そのドアを開けて山口監督がスパイクの紐を結ぶと、グラウンドにいるサッカー部員は一気にピリッとした空気になるのでした。

僕が幸運だったのは、サッカー部員が緊張する山口監督が、1年時の担任だったことです。教室ではダジャレを飛ばし、女子生徒と和やかに話す〝ごく普通の先生〟だったのです。

山口「監督」は怖いけれど、山口「先生」は怖くないから、教室でサッカーの話ができる。そのうちに、先生の近くにいるから好都合だということで、サッカー部内の連絡係のような立場になりました。

「もう少し自分で考えろ」

山口先生の練習には、当時としては最先端の指導要綱が落とし込まれていました。今でも大事だとされるプルアウェイ（外す動き）とかボディシェイプ（身体の向き）といったものを意識して、練習をしていました。

中学1年でサッカーから離れ、2年時はサッカー部でそれなりに充実したけれど、3年時は公式戦で早々に負けて引退。ジェットコースターのような3年間から一転して、「サッカーを学んでいる」、「自分が良くなっている」、「ああっ、サッカーって楽しい！」という実感を得ることができていました。

中学校での3年間は、知りたくても知ることができないことばかりでした。その反動でしょう。あれが知りたい、これも知りたいという欲求は尽きません。担任とその生徒という立場もあってか、山口先生を「この時はどうしたらいいですか？」、「この場合は？」、「こっちの場合は？」と、質問責めにします。

自分が知りたいこと、分からないことがあれば、それを知っている人、経験したことがある人に聞いてみる。「質問する」ことへの抵抗は以前からなく、今振り返ればそれも「才能」を伸ばすための手段だったのだろうと感じますが、山口先生もさすがに困ったのでしょう。

ある時、「もう少し自分で考えろ」と言われました。

その瞬間はショックでした。道を塞がれたような気持ちになりましたが、しばらくすると納得します。自分で考える作業を省いてしまっていることに気づかされました。このやり取りをきっかけとして、自分で考えるという思考回路に転換しました。

ピッチのどこへ、いつ立つか。

どうやってボールを受けるか。受けてから、どうやって次のプレーへつなげていくのか。

自分のプレーを、どうやってチームの勝利につなげていくのか。

身体が少しずつ大きくなっていく中で、**「自分で考える力」をベースにした中村憲剛のプレースタイルが確立されていき、40歳までプロサッカー選手としてプレーを続けることができる大きな要因になりました。**山口先生との邂逅は、サッカー選手としての僕に決定的な影響を与えてくれたのです。

ユーロ2024にスペイン代表のひとりとして出場したラミン・ヤマルが、大会期間中に学校の宿題をやっていることが話題になりました。オンラインで授業も受けていたそうです。

彼が所属するFCバルセロナの育成組織の宿舎には、学校の宿題や家庭教師との勉強に特化したスペースがあります。フランスの有名な選手育成機関・クレールフォンテーヌ国立研究所は、学業成績も入校の判断基準のひとつになっています。

アメリカのスポーツ有名大学へ入るには、一定水準の成績をあげる必要があり、入学後も成績が悪いと試合に出ることができません。チーム側も学生の勉強をサポートするために、補講の講師を付けたりします。

勉強は考える力を養う恰好の機会です。**考える習慣を身に付けることは、自分の才能をいかすことにつながる**のです。

勉強ができなければいけない、ということではありません。**自分を振り返って学ぶ、模範となるプレーから学ぶ、といったことです。**

都立久留米高校には、片道40分かけて自転車で通いました。自宅の最寄り駅から高校の最寄り駅への接続が悪く、電車を使うと無駄に時間がかかってしまうのです。入学当初はバスを使って通学していたのですが、やはり時間のロスがありました。それならばいっそ脚力を鍛えようと、片道およそ9キロの道のりを雨の日も漕いで、漕いでいきました。

都立久留米高校には定時制があり、普通科の僕らは18時には下校するというルールがありました。サッカーグラウンドがしっかり1面取れるような恵まれた環境でしたが、練習時間は限られていたので、自分なりに日々課題を持って取り組んでいました。18時までしか練習できないのは、自分ではどうしようもないことです。変えられない。それなら、自分が変わるしかない。東久留米高校には3年間通うのが決まっているわけですから、その時間をいかに有効活用するか。自分なりに工夫して、無駄な時間を減らすことを心がけました。

そういう習慣が、小さな才能を少しずつ育てていくことにつながったのかもしれません。

うまくいった経験

中学生年代や高校生年代の伸び盛りの選手は、**「ひとつのきっかけで見違えるほど成長する」**と言われます。プロになってからも、ある試合やある大会をきっかけに、もっと言えばあるプレーをきっかけに、成長の歩幅を広げる選手をこれまで見てきました。

「レベルの高い相手からゴールを決めることができた」とか、「身体能力の高い外国人選手とのマッチアップで互角に戦えた」といった**うまくいった体験が、自らの「才能」に気づいたり、自覚したりすることにつながり、成長意欲を刺激していく**のでしょう。

高校生年代の僕が得た「最もうまくいった体験」は、3年時の高校選手権東京都予選準決勝、数多の日本代表やJリーガーを輩出してきた名門の帝京高校戦でした。

帝京は前年の高校選手権で準優勝していて、小学生の頃から知る同級生の高橋泰《ゆたか》、「和製ロナウド」と言われた矢野隼人、1年生には田中達也がいました。3人とも高校卒業後にJリーグのクラブに加入するのですから、同世代では傑出した選手です。

舞台は西が丘サッカー場です。小学生の頃から憧れていた場所で、憧れていた帝京高校と、高校3年間で初めて対戦する。しかも、高校サッカー人生を賭けた戦いです。相手がどれほど強いのかは十分過ぎるくらいに分かっているので、前夜からプレッシャーに押し潰されそうでした。

一方的な展開も覚悟していたのですが、途中までは食らいつくことができました。拮抗していた展開で、田中達也が出てきました。そこから瞬く間に2点取られました。後から聞くと山口県からの越境入学で、それもあって僕自身は彼の存在をほとんど知らなかったのですが、ドリブルで切り刻まれました。「こういう選手がJリーガーになるのだろうな」と思ったことを覚えています。結果は1―3で敗退。帝京はこの年も高校選手権に出場し、2年連続で準優勝することになります。僕らにとっては巨大な敵だったのかもしれません。

「ピーク」を思い出す

僕自身のパフォーマンスはどうだったのか。

試合には負けてしまいましたが、それまでのサッカーキャリアでベストバウトと言えるものでした。その時の自分が持っていたもの、自分の良い部分を、すべて出すことができたのです。

小学校からサッカーを始めて、挫折を経験して、中学2年でプレースタイルを転換して、高校で山口先生に個人・チーム戦術を叩き込まれ、身長が伸びてできることが増えた。高校でプレーを続けるうちに、かつての「ピーク」の時の感覚を思い出していきました。一回なくなった感覚を取り戻したというか、何でもできた自分に近づいていく感じです。3年生になるころには、かつての自信も少しずつ戻ってきました。

全国屈指の強豪の帝京を相手に自分の良さを出すことができたのは、僕にとって大きな「うまくいった体験」であり、未来へつながる自信となりました。サッカー選手にならなかったとしても、この試合で得た自信は僕という人間を支えるものになっていたでしょう。

「あの帝京を相手にこれだけできたのだから、ここでやめるのはもったいない」

僕は大学へ進学してサッカーを続けることを決意するのです。

その後もこの試合のビデオテープは、擦り切れるくらい観返しました。大学でくじけそうになるたびに俺は帝京相手にこれくらいできた、だから大丈夫、絶対できると部屋でビデオを観るのです。本当に心の支えでした。

準決勝を終えて、山口先生から進路について聞かれました。自分なりの手応えをつかんだ僕は、「大学でサッカーをやりたいです」と弾んだ声で答えました。

しかし、すでに11月です。スポーツ推薦や指定校推薦は、ほとんど埋まっています。山口先生は「困ったなあ」と頭をかきながらも、何とか進学できそうな大学を探してくれました。

僕自身は「大学経由でJリーガーになる」とは考えていなくて、とにかくサッカーを続けたい、できれば関東の強豪校で続けたい、という気持ちでした。

あわただしく受験勉強に取り組み、何とか中央大学に合格することができました。帝京高校相手に成功体験を得ることがなければ、僕は上のカテゴリーでサッカーを続けていなかったと思います。山口先生の尽力がなければ、中央大学に進学することはできなかったでしょう。

改めて振り返ると、綱渡りのような人生です。大きな試合で自信を深めることができ、その時々で誰かが助けてくれたからこそ、今の僕があると言っても決して大袈裟ではありません。

中央大学の寮の部屋割り

都立久留米高校から進学した中央大学でも、僕は才能をいかす出会いに恵まれます。サッカー部は寮生活で、都内に実家のある僕も入寮しました。

体育会と呼ばれる大学の部活動は、良くも悪くも学生たちに任されるところがあります。当時は監督やコーチが必ず練習に顔を出すわけではなく、先輩がコーチ役となって練習を指導することもありました。練習や授業の合間の過ごし方も自由で、パチンコや麻雀にハマってしまう学生もいました。

寮生活は各学年からひとりずつの4人部屋で過ごします。僕の部屋は4年生のキャプテン、3年生のキャプテン、2年生の副キャプテンが集まっている部屋でした。しかも、全員がセンターバック。「キャプテン部屋」である僕らの部屋には人があまり寄り付かなかったと言えば、どういう空気感だったのかが想像してもらえるでしょう。

年次ごとのリーダーが集まっているので、練習にはきっちり参加します。文学部の僕は1年生時の必修課目が多く、なかなか授業を休むことができなかったのですが、練習を休む場合は事前に先輩たちに報告をしなければなりません。

同級生があとから教えてくれたところによると、この部屋には僕ではない1年生が入る予定だったそうです。ところが、その1年生がキャプテン部屋の空気に合わなかったようで、入寮が遅かった僕にこの部屋が割り振られたのでした。

日常生活もしっかりしている先輩たちなので、サッカーに良くないことには手を出しません。**ぬるま湯に浸かるように過ごしている部屋があるなかで、僕の部屋はさながら熱湯風呂のようでした。もし違う部屋に割り振られていたら、Jリーガー中村憲剛はいなかったかもしれません。**

尾形先輩

寮の違う部屋には、尾形貴弘さんがいました。お笑いトリオ「パンサー」の尾形さんです。

尾形さんは宮城県の仙台育英高校で背番号10を背負い、スポーツ推薦で中央大学サッカー部に入ってきました。当時の中大はAチームとBチームに分かれていて、2年時まではAチームに絡んでいたそうですが、3年時にケガをしてしまい、そこからはBチームになってしまいます。後に尾形さん本人から、サッカーへの情熱を失ってしまったと聞きました。

グラウンドで尾形さんを見ることはほとんどなく、学校の授業にも熱心でない。同じ文学部だったので、授業の出席カードを出せと言われることがある。1年生と4年生なので、断ることはできません。

寮でずっと寝ていて、食事もろくに取らない。それでいて、得体のしれない怖さを醸し出す。飢えた狼みたいな人でした。

これは本人にも話しているのですが、当時の尾形さんはダメな先輩の典型例でした。「ああいう人にはなりたくないよな」と同級生と話していて、尾形さんの卒業とともに関係は途絶えました。サッカー部内にその消息を知る人間がいなかったのですが、お笑い芸人としてテレビに出るようになるのですからびっくりです。

しかも、「サンキュー!」なんて言っているではないですか!

僕らサッカー部の後輩には、一度だって「サンキュー」などと言ってくれたことはないのに。

プロ入り後、尾形さんが出演しているテレビ番組に呼んでいただいたことがありました。サッカー部当時の話をしていくなかで、尾形さんが「大学の後輩がJリーガーになり、日本代表にもなった。それを見て、自分も頑張ろうと思った」と言うのです。

大学4年生の尾形さんから見れば、高校選手権にも出場したことのない1年生の中村憲剛は、「自分よりも明らかに下のサッカー選手」だったのでしょう。名もなき選手に過ぎない後輩が、あろうことか日本代表になった。それを知った瞬間に、頑張ることを恰好悪いと思っていた自分に矢印を向けた、と。大学時代はサッカーがうまくいかない自分を受け入れられず、堕落してしまった事実をようやく直視した。と。

僕自身、身体を張って笑いを取る尾形さんをテレビで観て、「面白い」というよりも感動しました。

大学までサッカーをやった人ですから、体力はある。根性もある。体育会系の理不尽さに対する免疫もある。

それにしても、尾形さんはすごいな。人って変われるのだな、と心から思いました。あれだけドッキリ企画に見事にひっかかるのも才能かもしれません。尾形さんは自分の才能をサッカーとは違うところで開花させました。

大学時代の尾形さんを知っているからこそ、他に例のないレジリエンスを、身近に見させてもらえたと思っています。

「Jリーグへ行きたいです」

「慣れる」ことも才能のひとつと言えるでしょう。

中央大学サッカー部の厳しい寮生活に放り込まれたことが幸いしたのか、1年時の夏には1、2年生のチームによる関東大学新人戦で使ってもらいました。

入学当初は上級生との体格差、判断の速さの違いなどを感じました。「強いな、デカいな、速いな」というのはあるのですが、それも中学から高校への進学時に比べれば想像の範囲内でした。

高校入学時はベンチプレスでまだ重りのついていないバーベルの棒を上げるのに四

苦八苦したけれど、3年間で50キロぐらいまでは上げられるようになっている。基礎体力のベースが周りに比べて著しく低いわけではなかったので、とにかく慣れることだ、慣れればいける、と思っていました。

新人戦のピッチに立つ頃には、大学サッカーに順応していました。決勝戦ではのちにJリーガーとなる巻誠一郎や深井正樹がいる駒澤大学に競り勝って優勝するのです。秋のリーグ戦でも30人の登録メンバーに入りました。

高校サッカーで培ったものを、大学サッカー仕様にできている。新人戦優勝やリーグ戦メンバー入りという実績を積むことで自信になっていきました。

2年生からは試合に絡むようになり、Jリーグのクラブとの練習試合などを通して自分の成長を実感していきます。

そんな中、サッカー人生の大きな転機がやってきます。

4年生になると、新しいコーチが就任しました。中大OBで、現在は中央大学サッカー部の総監督、そして全日本大学サッカー連盟の要職に就いている佐藤健さんです。就任早々の春先に、佐藤さんは4年生に対してひとりずつ進路相談を行ないました。その時に僕が佐藤さんに**「Jリーグのクラブへ行きたいです」**と言うと、**「えっ」と驚かれました。**

それも当然だったかもしれません。僕が3年生の時に、創部50年以上の歴史あるサッカー部は史上初の関東大学リーグ2部へ降格していました。2学年先輩の宮沢正史さんはＦＣ東京へ入団しましたが、１学年上でＪリーグから声がかかった選手はいませんでした。

３学年上は尾形さんの代で、ここもＪリーグに進んだ選手はいません。そういう状況でしたから、佐藤さんも僕のプロ志望に驚いたのでしょう。

Ｊリーグが開幕した１９９３年、僕は中学校１年生でした。クラブチームを辞めて鬱屈した日々を過ごしながらも、「自分もプロサッカー選手になりたい」と思っていました。

Ｊリーグのクラブのジュニアユースに通っていたどころか、むしろ無所属でした。プロへのサバイバルレースが始まっているとしたら、僕はすでに大きく出遅れていました。

けれど、「自分はプロになれない」と思ったことはありませんでした。一度もなかったのです。

自分のプレーがうまくいかなかったり、試合に負けたりしたら、気持ちが落ち込みます。興味のアンテナが広がる思春期には、悔しさを紛らわすために友だちと遊びに行くこともありました。

それでも、「プロになりたい」という気持ちはブレなかった。必ず「なれる」とは思わなかったけれど、「プロになれない」とも思わなかった。

振り返れば、僕は「鈍感」だったのかもしれません。普通の子どもなら「自分にはプロサッカー選手になるほどの才能はない」と諦めるところでも、悲観しなかった。揺るがなかった。自分の可能性に、自分で蓋をしなかったのです。

良い意味での「鈍さ」が、僕の才能を少しずつ育んでいったのかもしれません。

咄嗟に出た「できます」

プロになれるかもしれない、と思ったのは中央大学3年の秋頃でした。

Jリーグのクラブは、土曜日か日曜日にリーグ戦を消化し、その翌日などに練習試合を組みます。リーグ戦に出場しなかった選手、出場時間の短かった選手が、ゲームの感覚や体力を養うためです。ケガ明けの選手にとっても、実戦復帰への貴重なプロセスとなります。

OBにJリーグの関係者が多かったこともあり、僕ら中央大学はFC東京や柏レイソルとひんぱんに練習試合をしていました。大学1年時は「うわあ、プロと試合をするのか」と怖気づくこともあったのですが、学年が上がるにつれて少しずつ余裕が出てきます。

ユースからトップチームへ昇格した選手や、高卒でプロ入りした選手の中には、自分と同い年や年下の選手もいます。「このレベルならできる」という思いを強くしたのが大学3年時でした。

僕のプロ志望を聞いた佐藤さんは「Ｊリーグのクラブに知り合いがいるから、練習参加ができるようにする」と言ってくれました。色々と検討してくれたなかで、川崎フロンターレを勧められました。当時の川崎フロンターレはＪ２で戦っていて、もう一度Ｊ１へ上がろうというチームでした。若い選手も多く、「憲剛に合うんじゃないか」ということでした。

川崎市麻生区にある川崎フロンターレのグラウンドへ向かったのは、４年生の６月でした。

その日はＪＦＬのチームとの練習試合があり、たまたまボランチの選手がいませんでした。スタッフから「君はボランチ、できるか？」と聞かれ、咄嗟に「できます」と答えました。大学ではずっとトップ下をやっていたのですが、だからといって「できない」とは言えません。

チームには林晃平さん、黒津勝といった足の速いフォワードがいました。彼らにスルーパスを何本も通して3、４点に絡んだ僕のプレーを見て、強化部から、「継続的に見ていく」という評価を得ることができました。

川崎フロンターレから、内定の返事が届いたのは10月でした。

佐藤さんが川崎フロンターレではなく違うチームを勧めてくれたら、僕はプロサッカー選手になれなかったかもしれない。そもそも佐藤さんが中央大学サッカー部にこのタイミングで来なかったら、練習参加できるチームを自分で探さなければならなかったでしょう。**佐藤さんとの出会いは僥倖でした。**

夢とか目標は、必ずしも叶うものではありません。けれど、努力なしには叶うものも叶わない。**夢を叶えるための準備は続けていくべきで、絶え間ない準備が才能を引き上げてくれる。**サッカーを一度やめた少年がJリーガーになることができたのも、そう考えると納得してもらえるかもしれません。

chapter 4

自分のやり方を探せ

Jリーグのチームは少ないチームで30人前後、多いチームで40人前後の選手で構成されています。リーグ戦は先発11人と控え選手7人の合計18人で行なわれますから、少なくとも十数人は試合に絡むことができません。

試合に出られる選手、出られない選手の違いは、どこにあるのか。

いわゆる「うまい選手」ならば出られる、ということではないと思います。技術的なレベルがやや劣るとしても、周りの選手のために頑張って走るという選手は、チームに必要です。監督は選手一人ひとりの特徴を見定め、それぞれの良いところが引き出され、足りないところを補い合える組み合わせを考えます。

チームの戦い方も関係しています。

シーズン途中で監督が交代すると、スタメンの顔触れが変わることがあります。その監督が志向するサッカーにピタリと当てはまる選手がいれば、うまくハマらない選手もいるものです。

ディフェンスラインから前線へロングボールをどんどん入れていき、ゴール前の空中戦で競り合う。競り合った後のセカンドボールを拾ってクロスやシュートへつなげる。そういった戦術では、ミッドフィールダーにはセカンドボールを回収する能力が問われます。パスの配球に優れるミッドフィールダーは、どうしても優先順位が低くなってしまいます。

自分が所属するチームの選手層が厚く、なかなか試合に出られないということもあります。これもまた、選手なら起こり得ることです。

試合で結果を残せず、スタメンから外された。メンバー外になってしまった。シーズン開幕から、なかなか試合に絡むことができない。自分ではアピールしているつもりでも、公式戦のメンバーに選ばれない。

精神的にはとても苦しい状況です。投げ出したくなってしまうかもしれない。けれど、**ピンチを乗り越えれば、選手としての引出しがひとつ増える。この「発想の転換」に気づけるかが、とても重要です。ピンチは実は成長するチャンスであり、苦しい時にどうあがけるのか。** プロサッカー選手やその予備軍に限らず、子どもたちも、中高生も、です。

サッカーやスポーツだけでなく、ビジネスシーンでも、日常生活でも、目の前が真っ暗になるとか、行き先を見失ってしまうことがあるでしょう。そこで、どうするのか。

一歩先へ踏み出すには、相当な勇気が必要かもしれない。相当な覚悟が必要かもしれない。精神的な痛みさえ、伴うかもしれない。

けれど、「ああ、もう自分はダメだ」と思考を止めたら、何も変わりませんし、そこで本当に歩みが止まってしまいます。変わらないどころか、状況が悪化してしまうこともあるでしょう。

何か困難な局面に直面したら、活路を見出すために必死になって努力をする。僕自身は思考停止にならないように、トライ＆エラーを繰り返しながら答えを探していきました。

あがき続ける才能

川崎フロンターレでともにプレーした田中碧《あお》も、あがく才能、あがき続ける才能を持っています。

彼は２０１７年にユースからトップチームへ昇格しました。当時のチームではブラジル人のエドゥアルド・ネット、大島僚太、それに僕がボランチをすることもあったなかで、田中のプロ１年目だった17年シーズンは、クラブ史上初のＪ１優勝を成し遂げました。

待ち望んだ歓喜に酔いしれるチームのなかで、ユースで背番号10を背負い、「アカデミーの星」とも評された田中は、公式戦の出場機会がないままプロ１年目を終えました。シーズン開幕早々の３月に手術を要するケガをしてしまい、およそ4か月の離脱を強いられたのも、出場機会を得られなかった一因でした。

それでも彼は、一日、一日を大切に過ごしていました。

現役時代の僕は、クラブの施設で長い時間を過ごしていました。午前中の練習前から準備をして、練習後に昼食を取り、昼寝をしたり身体のケアをしたりして、必要なら筋トレもする、といった感じです。一日の半分近くをクラブの施設で過ごすこともありました。

田中も、同じくらいクラブハウスにいました。午前中の練習後に昼食を取り、少し休んで、みっちり筋トレをやったりしていました。身体作りにも取り組んで、食べるものからサプリメントまで勉強していました。

ピッチ上では僕や大島、家長昭博、阿部浩之、18年加入の守田英正らと一緒にやることで、ものすごい量の情報をぶつけられていきます。情報処理能力が追いつかずにパニックになることもありつつ、処理した情報を実践して自分のモノにしていきました。川崎フロンターレが大切にしていた「相手を見ながらサッカーをする」という設計図を少しずつ理解して、自分の良さをいかせるようになっていきました。

J1リーグデビューを飾ったのは、プロ2年目の9月。初先発は11月でした。出場機会が増えたのは3年目で、4年目は主力と言っていいプレータイムを記録しました。あがいて、あがき続けて、自分の地位を確立していったのです。1、2年目に出られなかった時間を、マイナスではなくプラスに変えて努力し続けたことで活躍する下地を作り、出場機会をつかんでからはその下地に実戦経験を積み重ね、試行錯誤を繰り返しながら凄まじい勢いで成長していきました。

「点が取りたい」を実現する

それにプラスして、田中は「ここぞ」という試合や場面で点を取る男でした。

Jリーグ初ゴールは、初出場した北海道コンサドーレ札幌戦でした。84分に途中出場して、アディショナルタイムにネットを揺らしました。僕はこの試合に先発出場していたのですが、試合前から田中が「点が取りたい。取れる気がする」と話していたことを覚えています。

日本代表での初ゴールは、2021年10月のワールドカップ・カタール大会アジア最終予選のオーストラリア代表戦でした。チームはここまで1勝2敗と負け越していて、このホームゲームは絶対に落とせない試合でした。ここで、日本代表の森保一監督はシステムを4―2―3―1から4―3―3へ変更し、田中がスタメンに抜擢されました。

彼は直前の東京五輪に出場していましたが、フル代表としてプレーするのは19年12月以来でした。国際Aマッチ出場は3試合目で、最終予選初出場です。しかも試合の重要度はきわめて高い。緊張感に包まれてもおかしくないこの状況で、彼は先制ゴールをマークしたのです。

ワールドカップ・カタール大会でも、グループステージのスペイン代表戦でゴールネットを揺らしています。「三笘の1ミリ」から田中が身体ごと押し込んだ得点は、スペイン代表撃破とグループステージ首位通過につながる歴史的な一撃となりました。カタールで歓喜を爆発させる彼を見ながら、「ああ、やっぱりな」と思いました。彼は「点が取りたい」「自分が取ります」と明言して、実際に取ってきた選手だからです。スペイン戦後の取材エリアで、記者から「気持ちで押し込んだゴール？」と聞かれると、田中はこう答えました。

「気持ちじゃないですね。あそこへ入っていくのは、ずっとやってきたので。自分がここで点を取ると信じて、ずっとイメージしてやってきたので」

24年3月のワールドカップ北中米大会アジア2次予選、朝鮮民主主義人民共和国代表戦でも開始早々に先制点をあげています。結果的にこのゴールは、1対0の勝利に結びつきました。

得点能力がセールスポイントではないけれど、大切な試合で取る。チームを救うゴールを決める。これはもう、「そういう星のもとに生まれてきた」としか言いようがない気がします。

重要度の高い試合で結果を残す選手には、「勝負強い」という表現が使われます。それもひとつの「才能」と言うことができますが、**田中碧については「自分が取るんだ」という「志向」がゴールを引き寄せている**としか思えません。

欠かせない柔軟性

川崎フロンターレでともにプレーした選手では、**山根視来もあがいていました。**

彼は湘南ベルマーレから20年に移籍してきたのですが、加入当初は練習についていくのに必死でした。狭い空間でのトレーニングに慣れていなかったのか、「狭くて速過ぎる。こんなに狭いなかでやったことはないです」と困惑していました。

彼は背番号13で、僕は背番号14で、ロッカーが隣でした。大きなケガからの復帰を目ざしてリハビリをしていた僕は、全体練習には参加できていなかったので、練習後に「今日はどうだった？」と声をかけると、「もう、泣きそうです」と肩を落とすのです。「移籍してきた選手は、最初はみんなそんなふうに話していたよ。気にしないでいいよ」と言っても、視線はなかなか上がりません。

けれど、最終的には**「このチームに来た以上は、食らいついていくしかない。頑張ります」**と自らを奮い立たせる。その言葉どおりに開幕節からポジションをつかみ、チームに欠かせない選手となりました。21年には日本代表に初めて選出され、22年のワールドカップ・カタール大会にも出場しました。川崎フロンターレ加入1年目から3シーズン連続で、Jリーグのベストイレブンに選出されました。24年からアメリカのMLSで活躍しています。

自分の仕事がうまくいかないという状況は、誰にも起こり得ることです。そこでは、誰もが「どうにかしなきゃ」とあがくものですが、ここでは山根の「あがき方」に注視したいと思います。

川崎フロンターレという新しい組織に加入した山根は、自己分析をしてそれまで同様に生かしていくべきところ、変えるべきところを整理していきました。そのうえで、チームから求められるタスクを遂行しながら、自分らしさを表現していきました。**自分を変える柔軟性と状況に適応する柔軟性を両立させることで、自分の「居場所」を確立**していったのです。

その選手がミスを繰り返しても、試合で辛抱強く使い続けるといったように、才能を伸ばすには周囲の人たちのサポートや我慢ももちろん必要です。ただ、手を差し伸べようと思わせる人が、実直に、コツコツと、改善へ向けて努力を重ねていることは間違いありません。

日本代表のキャプテンを務めている**遠藤航**は、23―24シーズンからイングランド・プレミアリーグの名門リバプールに在籍しています。各国の代表選手がズラリと顔を並べるチームで、彼は加入1シーズン目から自分の立ち位置を見つけました。

彼の発言を見聞きしていると、自分の武器をきちんと理解していて、それをどうやってチームに落とし込むかの方法論が整理されている。自分のやりたいこと、得意なことだけをやっていたら、多士済々の集団では埋もれてしまいます。自分の武器が通用することを証明しつつ、チームの力になれることを示しているのです。

保有戦力が充実しているリバプールのようなチームで、出場機会を確保するのは簡単ではありません。24―25シーズンは監督が交代し、リーグ戦開幕から3試合目までは1試合しか出場機会がなく、しかも与えられた時間はわずか数分でした。

しかし、9月の日本代表の活動期間中にクラブでの状況を聞かれると、落ち着いた表情で答えました。

「あまり気にしていません。代表活動が終わると連戦になるので、自分に出番はまわってくると思う。普段の練習からしっかり準備をして、チャンスがまわってきたら結果を残す、ということが大事になってくると思います」

選手なら誰だって、試合には出たいものです。出るだけでなく、できるだけ長くピッチに立ちたい。

けれど、チーム内には競争があり、メンバー決定に自分は関与できない。そういうなかで「どうしてオレを使わないんだ」と苛立つのは、建設的ではありません。悔しさはあるけれど、ぐっと堪えて、**誰にでも等しく与えられたもの――時間を有効に使うべきでしょう。**「時間は有効に使う」、これも「才能」のひとつだと思います。

「逃げない才能」「見せる才能」

遠藤はベルギー1部のシントトロイデンからブンデスリーガ2部（当時）のシュツットガルトへ移籍した際も、8月中旬の加入から11月初旬まではリーグ戦で使われていません。ベンチ入りするものの起用されず、メンバー外の試合もありました。それでも、初先発した試合で勝利に貢献すると、そこからシーズン終了まで先発を譲らず（出場停止だった1試合を除く）、チームの1部昇格に貢献しました。

試合に出られなかった当時の心境を聞かれた遠藤は、「とにかく準備をし続けるだけだった。とくに難しいことはせずに、自分の１００パーセントを出すことだけを考えていた」と話しています。

試合に出られないのは悔しい。それよりも、いざピッチに立った時に自分らしいプレーができない、チームに貢献できないほうが、もっと悔しい。

自分らしさを発揮してピッチで躍動して勝利に貢献する、という目標にブレがなければ、「とにかく良い準備をするだけだ」という思考になるはずです。**これもまたあがく才能の一種類であり、現実から逃げない才能という言い方もできるかもしれません。**

同じボランチとしてプレーした視点から見ると、遠藤は広範に動くことができ、自分ひとりで問題を解決することができる選手です。ヨーロッパの選手のようなところがあります。周りの選手のぶんも自分がカバーする、といったコメントもしています。24年末現在で31歳の彼が、32歳、33歳と年齢を重ねていく中で、プレースタイルをどのように変容させていくのか。「自分とこの選手が連動して、この選手も関わって、さらにこの選手も参加してボールを奪う」というような、理詰めの守り方をするようになるのか。個人的に非常に興味があります。

その遠藤と日本代表でボランチのコンビを組むことの多い**守田英正**は、遠藤のように幅広く動いて守るタイプではありません。大卒選手なのでプロ1年目から走れる、頑張れる、無理が利く、といったところはありましたが、彼が川崎フロンターレからポルトガル1部のサンタクララへ移籍し、スポルティング・リスボンの選手としてチャンピオンズリーグでプレーするまでになったのは、**「自分を見せる才能」**に長けているからです。

川崎フロンターレに入団してきた当時は、黒子的な選手かなと思ったのです。一緒にプレーしてみると、自分の良さを知ってもらうにはどうしたらいいのかを、すごく考えるタイプでした。**「目立ちたがり」とか「利己的」とかではなく、自分の良さをしっかりと認めてもらう、そのためにどう振る舞うべきなのか**を、いつも自分に問いかけていました。

組織も個人も

サッカーを語る時に、「個と組織」という議論がかわされることがよくあるかと思います。Jリーグ開幕以前には「南米スタイル」と「欧州スタイル」の区別があり、前者はドリブルなどの個人の技術をいかしたサッカーで、後者はパスやコンビネーションなどの組織を押し出したサッカー、として理解されていたと聞きます。

現代サッカーでは、南米のチームも組織的に戦いますし、欧州のチームにも際立った個人がいます。南米やアフリカの有力選手は、ほぼ漏れなくヨーロッパの主要リーグでプレーしていますから、そもそも国による違い、大陸による違いというものが、薄れているのかもしれません。

ソーシャルメディアの発達による情報流通の高速化も、国や地域を問わずにトレンドを共有することを促しているのでしょう。どこにいても「良いもの」を採り入れることができる、ということです。

とはいえ、「お国柄」というものはあります。

サッカー王国を自認するブラジル代表は、自分たちで主導権を握るサッカーをスタイルとしています。守備を固めてカウンターに勝機を見出す、といったサッカーはしません。

アルゼンチン代表も、スペイン代表も、フランス代表も、イングランド代表も、ドイツ代表も、「自分たちらしさ」を決して失うことはありません。その時々のトレンドをキャッチアップしつつ、伝統のスタイルは守っている。

その背景にあるものとして、「一人ひとりのキャラクターが見える」ことを挙げたいと思います。「個が立っている」と言ってもいい。

ブラジル代表やアルゼンチン代表、スペイン代表やフランス代表の選手たちは、自分の才能をしっかりといかしている、ということなのでしょう。その国の戦い方やチーム戦術がありつつも、それ以上に個をいかした、才能をかけ合わせて最大値を出すイメージです。

川崎フロンターレの監督だった風間八宏《やひろ》さんは、就任当初に「まず個が伸びてくれ」と僕ら選手に言いました。「監督の自分が方向性を決めて、その中に選手みんなが入るようでは、面白くないだろう？　その中でしか伸びなくなってしまうだろう」と。それまでのサッカー人生では攻撃的か守備的かといった方向性を決め、チームの戦術を固めていくやり方に触れることが多かったので、風間さんの考え方には驚かされましたし、率直に惹かれました。

当時の僕はクラブ在籍年数が長くなり、30歳を超えていたこともあって、知らず知らずのうちに「自分のことよりもチームのことを考えなければ」という思考にとらわれていました。自分でも気づかないうちに、「ここからうまくなるというよりは、自分のレベルを維持してチームに長く貢献していきたい」と考えていたのかもしれません。

それだけに、風間さんとの出会いは衝撃でした。実際に、ひとりの選手として成長することができたと思います。

風間さんは「どうやって勝つのか」にとことんまでこだわっていました。プロフェッショナルとしてエンターテインメントを追求しつつ、選手たちの才能に蓋をすることなく、巧みに管理してくれました。**無自覚な才能まで自覚させて、芽吹かせるという作業**をしてくれたのです。

「秘伝のタレ」の落とし穴

世界のサッカー界を見渡してみると、FCバルセロナというクラブが目を引きます。

スペインはもちろんヨーロッパを、もっと言えば世界を代表するこのクラブは、優秀な選手を絶えず育成しています。ペップ・グアルディオラ、カルレス・プジョル、シャビ・エルナンデス、アンドレス・イニエスタ、ジェラール・ピケ、セルヒオ・ブスケッツ、リオネル・メッシらを輩出してきました。久保建英も、2011年から15年まで在籍していました。

2024―25シーズンを戦っているチームでは、パウ・クバルシ（17歳）、ラミン・ヤマル（17歳）、ガビ（20歳）、アレハンドロ・バルデ（20歳）、フェルミン・ロペス（21

歳）、アンス・ファティ（22歳）、エリック・ガルシア（23歳）、ダニ・オルモ（26歳）らが、育成組織出身の選手です。しかも、彼ら全員がスペイン代表経験を持っています。国際舞台で活躍する選手を数多く生み出している一方で、周囲の期待ほどには活躍できなかった選手もいます。つまり、才能を発揮しきれなかった選手が。

ボージャン・クルキッチは、そんな選手のひとりかもしれません。

弱冠16歳でトップチームへ昇格し、リーグ戦クラブ史上最年少得点記録、クラブ史上最年少でのリーグ戦１００試合出場をマークしました。しかし、20代前半から移籍を繰り返すようになり、32歳でプロキャリアに幕を降ろしました。

メッシの後継者と呼ばれたこともあったボージャンは、なぜ大成できなかったのか。

僕なりの推論があります。

ＦＣバルセロナの育成組織出身の選手は、「秘伝のタレ」で味付けをされているイメージです。

「こうなったらこうする」、「相手がこう来たらこうする」というものが、一人ひとりの身体の芯まで浸透している。ピッチ上で同じ画《え》を描くことができ、それが結果につながり、個々の選手も評価されていく。

そうやって育ったボージャンのような選手が、ＦＣバルセロナを離れると、「イメージが共有されない」ことに直面するわけです。育ってきた背景がバラバラの選手が集まっているので、ＦＣバルセロナの「こうなったらこうする」が当てはまらない場面が出てくる。

たとえば、自分たちのゴールキックから試合が再開される場面で、対戦相手が前線からハメようとしてきたとします。FCバルセロナなら、数的優位、位置的優位を生み出して、ボールをつなぎながら前進していく。それぞれの選手は自陣からパスをつなぐ前提でポジションを取り、ボールを失いません。

それに対して、「前線からプレスをかけられたら、つながずに蹴り出そう」という判断を早い段階で下すチームもあります。そうなると、蹴り出した後のセカンドボールをいかに回収できるか、そのために球際の攻防で負けないことを、監督は求めるでしょう。FCバルセロナの育成組織でスタイルを徹底して学び、相手の守備をいかに剝がすかを磨いてきた選手からすると、自分のプレースタイルを出しにくいことは想像に難くない。

バルセロナの育成組織出身で、他のクラブで活躍している選手ももちろんいます。僕が言いたいのは、バルセロナのサッカーは圧倒的なまでに個性的であり、「尖っている」ということです。「正確なボールコントロールとパスワーク」、「相手を見てサッカーをする」、「相手が嫌がるところに立つ」ということに徹底してこだわるので、そのサッカーに順応するには相応の時間がかかり、そのサッカーに馴染んだ選手が違うサッカーに飛び込むと、通常の移籍よりもギャップが大きい、ということです。

自分には何が必要か

才能を磨くためには、自分を見つめることが大切です。書くことはその手段になるでしょう。書いて、読んで、また書いて、また読んで、というサイクルを繰り返すことで、自分の課題と向き合うことができ、目標がしっかりと輪郭を持っていきます。「今日の自分のプレーはどうだったかな」と振り返ることで、言語化のスキルも高まります。

自分の動きやチームのプレーなどを言葉や文字でアウトプットする言語化は、思考を整理することにつながります。育成年代ではその日の練習や試合を振り返る「サッカーノート」の活用が推奨され、プロになってからもその習慣を続ける選手もいます。オシム語録ではないですが、日常の話が思考になって言葉で紡がれていくのでしょう。

僕自身の話をさせてもらうと、サッカーノートはほとんど使いませんでした。その代わりではないですが、少しでも時間があれば自分の試合の映像、海外サッカーの映像を観ていました。脳内で自分のプレーをデータベース化しつつ、常にアップデートを心がけていました。

ここで言うアップデートとは、**「うまくいったプレーにすがらない」**ことを指します。

良いプレーも悪いプレーも、自分の癖もチェックして改善につなげ、チームの利益につながるプレーを増やす。チームのためにならないと思われるプレーを減らす。悪い癖を残さない。そうやって自分のプレーをアップデートするように心がけました。

サッカーノートは使いませんでしたが、それだけの量の映像を観ていたので、情報処理能力は高かったかなと自負しています。サッカーに関する脳内ハードディスクは、なかなかのギガ数だと思います。

自分が出場した試合は、ほとんどの場面を記憶していました。試合後にチームメイトやメディアの方に「あの場面は……」と聞かれれば、「ああ、あれは」と間を置かずに答えることができていました。

サッカーに必要な要素のひとつに「再現性」があります。そのシチュエーションになればかなりの確率で同じような崩し方をすることができる、ということです。そのためには、一つひとつのプレーを、情報としてきちんと処理しなければならない。そして、必要な場面で脳内ハードディスクから取り出す。再現性の土台となる情報処理とそれを実践する能力については、個人差があると感じます。

自分のプレーをアップデートし、再現性を高めていくために、僕自身は周りの選手との関わりを大切にしました。中村憲剛という選手の良さを表現するために、コミュニケーションをたくさん取っていきました。

アーリング・ハーランドのように驚異的なペースで得点を重ねる選手ではない自分

が、キリアン・エムバペのようにスピードで相手守備陣を破壊できる選手でもない自分が、試合に出続けるためにはどうすればいいのか。サッカー選手は試合に出ることで自身の価値を証明できるのですから、この監督とこのチームメイトの中で果たすべき役割は何か、自分はどんな仕事を求められているのかは、いつも考えていました。

「伝える」と「聞く」

コミュニケーションの重要性を自覚したのは中学生の時です。

ひとりで何でもできるプレースタイルが通用しなくなり、ドリブラーからパサーへ変わっていった時に、「このタイミングでパスを出すから走って」、「どういうタイミングで受けたい？」といったやり取りが必要になりました。

周りの選手たちと有機的に関わって、「中村憲剛がいるとチームがうまく機能するな」と思ってもらえるか。リオネル・メッシのようにボールを受けたら自分で完結できるタイプではない僕は、僕にパスを出してくれる選手、僕のパスを受けてくれる選手、僕のパスを得点につなげてくれる選手がいなければ、自分の存在感を出すことができない。

日本人同士なら、その場の雰囲気とかニュアンスから相手の意図をくみ取る、という関係が成立します。これが言葉の通じない者同士だと、言葉ではっきりと伝えないと相手は分かってくれない。「伝わっているだろう」と自分では思っても、伝わっていないということは何度もありました。

24年4月、日本サッカー協会のS級コーチライセンス取得に必要な海外インターンシップで、カナダのパシフィックFCというクラブへ行きました。あちらではミーティングで監督と選手がどんどん話をします。日本のように監督やコーチが話をして、選手は何か質問があったら聞く、というような進め方ではありません。監督が話している間に選手が「それってどういうこと？」、「自分はこう思うんだけど」と、どんどん意見していく。そういうコミュニケーションを通して、結果的に監督と選手たちが同じ画《え》を描く。選手は自分のタスクを自分事としてとらえるようになっていくのです。

自分のやりたいことを伝える。

相手がやりたいことを聞く。

それらの作業を面倒と感じない、省略しないというのは、僕が才能を発揮するための前提条件だった気がします。それもまた「才能」のひとつなのかもしれません。

スペイン1部のマジョルカから20年夏にビジャレアルへ移籍した久保建英が、チームの食事会でアニメ『ドラえもん』の主題歌を歌ったことが話題になりました。海外では新加入選手が歌ったり、芸をしたりすることがありますが、これもコミュニケーションの重要性を物語るトピックでしょう。

僕自身にも似た経験があります。

前述した海外インターンシップで、アウェイゲームを控えた前日の食事の時、ある選手に、「憲剛に歌ってもらうかも」と言われたんです。「いやあ、恥ずかしいなあ、マジで無理だなあ」と思いつつも、「どうせ歌うならみんなが知ってそうなのがいいな。やっぱりドラえもんの主題歌かな、いや、『上を向いて歩こう』かな」と色々と考えました。

結果的に歌う機会はなかったのですが、ヨーロッパのクラブへ移籍した日本人選手たちは、そうやって歌ったり踊ったりすることで、チームメイトの心をつかんでいるのだろうなと感じました。

才能を発揮するための処世術として、自分の殻に閉じこもることなく、新しい組織に自分から飛び込んでいく。歌でも、踊りでも、一発芸でもいい。自分をさらけ出すことで打ち解けるのは、万国共通なのでしょう。

自分を知り、周りを知る

コミュニケーションを重視するようになったのは、キャプテンを任されてきたことも関係しているかもしれません。中学生を除いて、すべてのチームでキャプテンをやってきました。高校や大学の1年時には、自分の学年をまとめる仕事もしていました。けれど、生まれながらのリーダータイプという自覚はありません。大学4年時も自分より副キャプテンのほうが、人をまとめることには長けていました。僕はプレーで周りの選手を引っ張り、勝つために必要なことを伝えていくことを意識していました。川崎フロンターレでキャプテンを任されたシーズンも、基本的なスタンスは同じでした。

コミュニケーションを取っていく自分のスタイルは、ポジションにも関係していたでしょう。ポルトガル語で「ハンドル」の意味を持つボランチというポジションは、ディフェンスラインのひとつ前で攻撃と守備をつなぎながら、チームの方向性を自分で決める権利を持ったポジションです。

縦パスを刺し込んで、攻撃にスイッチを入れることができる。

横パスや斜め後方へパスを出して、「ここは少し落ち着こう」というメッセージを送ることもできる。

自分が攻撃のスイッチを入れようとする瞬間に、「落ち着こう」と考える選手がいたら、動きがバラバラになってしまいます。チームは機能しません。僕がアクセルを踏んだら他の選手もアクセルを踏めるように、あらかじめコミュニケーションを取っておきます。

サイドバックやウイングバックの選手には、「こういうボールの動き方でオレがパスを受けたら、そっちへ出せるよ」と伝えます。「そっちを見ていなくても出すから、オレにボールが入った瞬間に動き出して」とも。その後、実際に見ないでも動いてもらってそこにパスが一回でも通れば、サイドの選手は相手が予測しないタイミングで動き出すことができるようになります。コミュニケーションを土台としたつながりがコンビネーションに、連携に変わっていくのです。

サッカーチームとは関係ない組織に属したとしても、僕はコミュニケーションに積極的だったでしょう。なぜなら人は「人」と関わり、目的を達成するために仕事をするからです。

プロスポーツと違ってビジネスは、試合の勝敗のように分かりやすい評価基準がいつもあるとは限らない。そのなかで、自分が属する組織の目標をきちんと把握して、やるべきことの道筋を立てる。自分が得意な領域と、同僚が得意な領域には重なりも違いもあるから、役割分担をして最短で目標に辿り着けるようにしていく。そうすることによって、誰もが無理なく、背伸びをせずに仕事ができる。役割がシェアされる。個々がパフォーマンスを出せる環境が整うでしょう。

目標達成に貢献できれば上司の信頼を得ることができ、自分の価値も上がる。

自分を知り、周りを知る。自分の才能を発揮しながら、周りの才能をいかす。結果を残しているチームには、そういうサイクルがあります。

chapter 5

ブレイクの理由

才能をいかすには、そのためにふさわしい環境でプレーすることが大切です。

環境とは練習環境、生活環境、人的環境、情報環境などを含みます。僕は普段から「環境のせいにしないで、自分に矢印を向けるべき」と伝えていますが、ここでの環境は「才能をいかす」ために「どのチームでサッカーをするのか」というプレー環境を指します。

チーム選びの大切さは、移籍が教えてくれるでしょう。新天地で目覚ましい活躍を見せる選手がいれば、前所属先ほどには活躍できない選手もいます。

目覚ましい活躍を見せたケースとして、僕が良く知るのは大久保嘉人です。

２０１３年にヴィッセル神戸から川崎フロンターレへ移籍してきて、いきなりキャリアハイの26ゴールをあげてＪ１リーグの得点王に輝きました。川崎フロンターレには「相手を見て崩そう」という設計図があり、彼はそれを素早く理解していきました。チームとして時間をかけて築き上げたスタイルに、彼のプレースタイルがマッチしたのです。もちろん、「シュートを決める」才能にそもそも優れていて、全体練習後のシュート練習を欠かさなかったという努力の積み重ねも、13年から、３シーズン連続で得点王を獲得することにつながっています。

ＦＣバルセロナと比較するつもりはありませんが、川崎フロンターレでは「才能の伝承」を意識していました。自分より先に在籍していた選手から学んだもの、日本代表で得たものを、自分のあとから入団してきた選手には積極的に伝えていきました。

チーム内でとにかく話しました。「もうちょっと開け」、「前向け！」、「そこで止まっていい」といった細かなことを、みんなで言い合うのです。「止めて、蹴る」にしても、こちらのパスがコロコロだったら、返ってくるパスもコロコロになりますが、こちらがビュッと出せば、同じパススピードで返ってくる。

ストライカーならブラジル人のジュニーニョ、大久保嘉人、小林悠というお手本がいました。入団１、２年目の選手は彼らのプレーを見て、話を聞いて、学ぶことができたのでしょう。アドバイスを受けるだけでなく、実際のプレーを見せてもらうことで、リアリティが増すのです。すぐに改善できる。日々の練習からチームのスタンダードを揃えて、上げていく作業をしていきました。並行して、個々がクオリティを上げていくことにも力を注ぎました。

風間監督が伝えたこと

チームが成長していくプロセスで、２０１２年4月から16年のシーズンまで指揮を執った風間八宏さんの影響は大きかったと言えます。

サッカーで一般的に言われる「フリー」とは、相手にマークされていない状態を指します。ボールを持った選手はフリーの選手を探すものですが、風間さんは「ディフェンダーを背負っている味方がいても、パスは受けられるのだから出せ」と言いました。「出し手と受け手がフリーだと思えばフリーになる。出し手がパスを出して終わったら1対1だけれど、出し手がもう一度顔を出せば瞬間的にそこは2対1になるだろう」と言ったのです。それが、当時の僕らが共有した「フリーの定義」でした。

他のチームならパスを出さない場所へ出す。出して、通す。そのパスを通せると思うか、思わないか。受けられると思うか、思わないか。それを繰り返し続けていくうちに、相手からすればこの狭さ、このマークのつき方ならば、パスは通らないだろうというタイミングでパスが通るようになり、自分たちでも面白いと感じられる崩しができるようになっていきました。

フリーの定義という同じ目線を持ちつつ、「相手を見てサッカーをする」というのが僕たちのキーワードになっていました。「相手がこう来たらこうする」というものを即興で、アドリブで出していくことで、プレーの引出しが増えていきました。

風間さんが示した方向性に選手たちが共鳴し、個々の才能が磨かれていきました。

チャンスのために準備を

小学校でも、中学校でも、高校でも、大学でも、プロでも、選手が選べるのはチームであり、指導者は選べません。それだけに、**いつ、どんな指導者と出会うのかは、才能の成長に大きく影響します。**

日本代表でともにプレーした同学年の玉田圭司は、プロ1年目と2年目はリーグ戦出場が5試合、3年目はわずかに2試合でした。

出場が増えるのは4年目で、そのきっかけは監督交代でした。

イングランド出身のスティーブ・ペリマンさんからブラジル人のマルコ・アウレリオさんへ指揮権が移ると、スタメン出場が増え、そのままレギュラーに定着したのでした。Ｊ1とＪ2で133ゴールを決めた稀代のストライカー兼チャンスメーカーの才能は、チームの監督交代によって一気に花開いたのです。

プロキャリアの短い選手が頭角を現わすきっかけとして、監督に抜擢されたというケースは少なくありません。2010年のワールドカップ・南アフリカ大会でともにプレーした駒野友一は、サンフレッチェ広島でのプロ2年目に就任した外国人監督に見出され、Ｊリーグへのデビューを飾ってポジションをつかんだのでした。

もちろん、**巡ってきたチャンスをいかすために、彼らが日頃からしっかりと準備を**

していたのは言うまでもありません。

自信から確信へ

巡ってきたチャンスをいかして、成長速度を一気に上げたケースは国内外で見つけることができます。

元イングランド代表のマイケル・オーウェンは、そんなひとりでしょう。

１９９７―98シーズンのプレミアリーグで得点王となり、イングランド史上最年少で98年のワールドカップ・フランス大会に出場し、ルーマニア戦とアルゼンチン戦でゴールを決めました。「ワンダーキッド」と呼ばれた18歳の少年は、このワールドカップでの活躍により一気にスターダムへ登り詰めていきました。

コロンビア代表のハメス・ロドリゲスも、ワールドカップをキャリアの転機にした選手です。14年のブラジル大会に22歳で出場し、グループステージの日本代表戦を含めて6ゴールを記録しました。大会得点王となってベストイレブンに選出され、大会後にモナコから世界最高峰のクラブ、レアル・マドリードへ移籍しています。

オーウェンやハメス・ロドリゲスは、ワールドカップで何を得たのか。

世界中が注目する大舞台で結果を残したという自信、世界のスーパースターの仲間入りをしたという**自信が、自分の「才能」に対する確信**となるのです。

日本人選手では、**長友佑都**が思い浮かびます。

彼は08年5月に日本代表に初めて招集され、コートジボワール代表戦で国際Aマッチデビューを飾ります。当時21歳でFC東京とプロ契約を結んだばかりでしたが、アーセナル所属のエマニュエル・エブエをシャットアウトし、1対0の勝利に貢献しました。

FC東京とはJリーグで対戦していて、「メチャクチャ走れるし、身体能力が高いなあ」という印象を抱いていました。東京ヴェルディ所属でのちにブラジル代表としてワールドカップに出場するフッキも、リーグ戦で抑えていました。

長友は身長が僕より低く、当時はまだ身体もそこまで逞しくなかった。足もずば抜けて速いわけではない。視覚的に分かりやすい「才能」は大きくなかったかもしれませんが、日本代表のチームメイトとして接してみて、並外れて貪欲なことに気づかされました。向上心の塊のような選手なのです。**「自分はこういう選手になりたい」という芯を持ちつつ、人の話に熱心に耳を傾ける。周囲の人たちの話を自分なりに嚙み砕いて、プレーや日常生活に落とし込める。そういう作業を愚直に続けていき、どんどんステージを上げていきます。**

10年のワールドカップ・南アフリカ大会では、カメルーン代表とのグループステージ初戦でサミュエル・エトーを徹底的にマークしました。オランダ代表との第2戦でも、相手のウイングと互角以上の攻防を繰り広げました。

ワールドカップという世界最高の舞台で、ヨーロッパのトップクラブでプレーする選手とマッチアップし、相手を抑え込んだ。自分がやってきたことを肯定してもらったわけで、成功体験の価値は他の大会より明らかに大きい。

長友はコツコツと頑張れるタイプです。南アフリカ大会に出場しなかったとしても、順調にステップアップしていったのでは、と思います。もちろん、日本代表としてプレーすることでつかんだ自信が、その成長速度を上げていったのは間違いなかったのでしょう。

岡崎慎司も、人の話にしっかりと耳を傾ける選手でした。

「自分に足りないもの」を素直に受け入れて、自分の強みをさらに伸ばしながら、足りないところを補っていく。うまくいくことも、うまくいかなかったことも経験して、自分のプレーに落胆することがあっても、「自分はもうダメだ」と諦めずに努力し続ける。

等身大の自分

Jリーグで長くプレーした選手、日本代表で実績を残した選手は、オープンな人間が多い。素直な性格の持ち主で、周りの話を聞くことができる。そのうえで、自分の言葉で自分の考えを伝えています。

「自分はこういうプレーがしたい」という考えは、時として周りの選手と食い違うことがあります。チーム内に「守備的に戦うべきだ」と考える選手がいれば、「いや、攻撃的に戦うべきだろう」と考える選手がいる、といったことです。

試合中にも判断が分かれる場面があります。残り時間は少ないけれど、勝ち点3をつかむためにリスクを背負って攻める。あるいは、勝ち点1でもOKとして、攻撃を自重して時計の針を進めていく。

どちらが正解なのかは、試合終了の笛が鳴った瞬間の結果のみが告げます。ただ、ピッチに立つ選手たちが共通理解のもとでプレーしないと、どこかにスキが生じてしまう。

自分とは違う立場の意見も聞いて、チームの方針に従う。サッカーがチームスポーツである以上、それも大切なことです。

意見が食い違わないように、もしくは食い違っても修正ができるように、アンテナを張っている選手も多かったと感じます。結果を残している選手は、情報をキャッチする能力に長けていました。

自分を過大評価せず、過小評価もしない。ダメなところは受け入れて改善する。いいところはもっと伸ばす。結局、どんどんプラスに変えていく。日本代表で長くプレーした（あるいは、今現在している）選手は、等身大の自分と向き合っていると感じます。

ケガと才能

無事是名馬、という言葉があります。「能力が多少劣っていても、ケガなく無事に走り続ける競走馬は名馬である」という考え方を表わしたものです。

スポーツとケガは切り離せません。**ケガをしないことも才能のひとつ**です。サッカーだけでなく野球でも、バスケットボールでも、バレーボールでも、陸上競技のアスリートでも、人々の記憶に刻まれた選手は長く活躍をして、五輪のような「ここぞ」という場面で結果を残しているのではないでしょうか。

プロサッカー選手にとって、身体は資本です。練習前にストレッチなどでほぐして、練習後にはクールダウンをする。マッサージを受けて疲労回復やコンディション維持に努め、食事や睡眠に気をつける。そこまでやっても、ケガをしてしまうことがあるのです。

ケガをした選手はリハビリを経て復帰するのですが、そのプロセスは想像以上に過酷です。

たとえば、全治2か月と診断されたからといって、2か月後に必ず試合に復帰できるわけではありません。全体練習に復帰したのに再発、といったこともあります。当初の見立てより早く復帰できるケースは、僕が知る限り例外的です。ケガからの復帰は、それぐらい慎重になるものです。

本当に苦しい思いを何度も、何度も繰り返して、ようやく試合に復帰したら、心の底から安堵感に包まれます。「よし、やってやろう」と闘志も沸き立つ。

そして、思うのです。

「もう二度と、こんな苦しい思いは味わいたくない」と。

川崎フロンターレ在籍時のチームメイトでは、大島僚太がたび重なるケガに見舞われています。日本代表でともにプレーした清武弘嗣も、ケガによる離脱と復帰を繰り返しているイメージです。宮市亮もケガに苦しめられてきました。

森保一監督のもとでプレーする日本代表選手では、冨安健洋がケガに悩まされています。

彼らほどの選手が、なぜこんなにもケガをしてしまうのか。身体のケアには人一倍気を遣っているはずですから、彼らの心情を想像すると胸が痛みます。

ケガをするたびにピッチに戻り、輝きを放つ彼らの姿には、心を打たれます。ケガをしないことは才能ですが、**ケガから復帰して以前と同じレベルのプレーを見せる、さらにレベルアップして帰ってくることも、才能のひとつにあげていい**のでしょう。

大ケガの経験

僕自身も大きなケガを経験しています。

２０１９年11月に、左膝前十字靱帯損傷という大ケガを負いました。11月下旬に手術を行ない、全治まで手術日から7か月と診断されました。

サッカーができないのですから、ピッチ上で才能を伸ばすことはできない。それならば、できるだけ早く復帰できるようにリハビリを頑張りながら、以前の自分よりパワーアップして戻ろう、と決めました。色々なものを見たり、見てきたものをもう一度見直したりする時間と位置づけたのです。

これだけの長期離脱は初めてでしたから、不安はもちろんありました。「それまでピッチ上で見えていたものが、見えなくなったらどうしよう」とか、「ボールを受けてもアイデアが湧いてこなかったらどうしよう」と。何が起こっても受け入れて前へ進まなければいけない、という覚悟を固めました。

実際に復帰した時、大きな違和感を覚えることなくプレーできたことに、心からホッとしました。

復帰した20年は39歳から40歳になるシーズンで、プレーの引出しはすでにたくさんありました。しかも僕は、瞬間的な創造性とか閃きでプレーするというよりも、基礎技術をベースとしてプレーするタイプです。「ええっ、そんなことをやるの」と周囲を驚かせるような天才肌の選手ではないことも、復帰後の戸惑いが少なかった理由かもしれません。

ケガを避けることができても、長いシーズンでは好不調の波というものがあります。Jリーグ各クラブは、1シーズンに40試合から50試合を消化します。そのなかで、自分のパフォーマンスに満足でき、チームも勝利した試合は、果たしてどれぐらいあるものか？

とても、とても、少ないのです。

僕自身の感覚では、1シーズンに数試合あるかどうか。「今日はパーフェクトな出来だった」と思える試合は、キャリアの中でも数えるほどしかありません。

シーズン中はコンディション維持を最優先で過ごしていますが、トップコンディションで臨める試合ばかりではありません。身体のどこかに痛みを抱えていたり、連戦の影響で疲労がたまっていたり、ということがあります。海外での試合から帰国した直後だと、時差ボケで寝る時間が調整しづらくなったり、確保できなくなったりもします。涼しい土地から暑い土地へ移動すると、暑さに身体が慣れないことがあります。また、ケガから復帰してゲーム体力やゲーム勘を取り戻している途中、というケースもあります。

つまり、ほとんどの試合は何か気になるところがありながら戦っています。ということは、**「良くないなりに、悪いなりに自分の良さを出す」**ということが、重要になってきます。**それもまた、自分を表現するための才能**と言っていいでしょう。

選手として経験を積んでいくと、調子が良くない時でも自分のパフォーマンスをそれなりに発揮して、チームの勝利に貢献できるようになっていきました。チームメイトを動かす、相手をいなす、ここぞというところに力を注ぐ、といったプレーの使い分けや力の出し入れができるようになったからでした。

サッカーやスポーツに限らず、仕事でも学校生活でも、「何かちょっと、調子が出ないなあ」という日があるでしょう。モチベーションが上がらない、とも言える日です。そんな時、あなたはどうしていますか？

僕は周りを見るようにしています。**自分の調子が出ないと、「自分だけ調子が出ない」と思いがちです。けれど、誰にだってそういう日はあるものです。**実はすぐ近くにも、気持ちが乗ってこなくて表情を曇らせているチームメイト（あるいは同僚か、クラスメイトか）がいるかもしれない。僕の経験では、自分だけが調子が上がらないという日はほとんどありません。自分と同じように悪戦苦闘しながら練習しているチームメイトが、必ずと言っていいほどいるものでした。

自分だけじゃないと気づくだけで、何だか気持ちが楽になるものです。少し気分が上がってきたりもする。

日本人は「勤勉」とか「真面目」と言われます。「できない自分を許さない」ところがあります。けれど、実績や経験を持った人でも、「調子が出ない」ことや「うまくいかない」ことは当然あります。完璧な人間なんていないのですから。

なぜ調子が出ないのか、なぜうまくいかないのかを検証するのはもちろん大切ですが、自分を責めてばかりいるのも良くないでしょう。**時には自分を許すことも、「才能」をいかすことにつながる**はずです。

ステージを上げる

自分のプロキャリアを振り返ると、才能に気づいたり、才能が発掘されたりした瞬間がありました。それは、指導者やチームメイトとの出会い、配置転換などがきっかけとなっているのですが、**「ステージ」を上げることも才能をいかすことにつながりました。**


プロキャリアをスタートした2003年、僕が所属する川崎フロンターレはＪ２リーグに属していました。石﨑信弘監督のもとでアルビレックス新潟、サンフレッチェ広島と三つ巴でＪ１昇格を争い、勝ち点1差で3位に終わりました。

翌04年は関塚隆監督のもとで、序盤から独走態勢を築きました。Ｊ２リーグ発足以来最速でＪ１昇格を決め、当時最多の勝ち点と得点数を記録しました。

Ｊ２リーグでの僕らは、爆発的と言ってもいい攻撃力を強みとしていました。Ｊ１

昇格を逃した03年も、得点数はリーグ最多でした。

05年のＪ１リーグでも同じスタイルで挑みましたが、シーズン序盤は苦しみました。勝ったり負けたりの繰り返しで、前半戦終了時の成績は６勝３分８敗。18チーム中12位でした。

それも、当然だったかもしれません。

ほとんどの選手はＪ１リーグでプレーしたことがなかったか、Ｊ１での出場試合数が少なかったのです。Ｊ１で実績を残していたのは、鹿島アントラーズから03年に移籍してきたブラジル人のアウグストくらいでした。

そのため、攻守の切り替えや考えるスピードの違い、局面での激しさの違い、厳しいプレッシャーを受けたなかでのプレーの正確性といったものに、シーズン序盤は苦戦をする選手が多かったのです。対戦相手には日本代表の選手もいますから、「個」のクオリティもＪ２リーグより高い。これまでできていたことができないという場面が、チームとしても個人としても起こりました。

僕自身も初めてのＪ１リーグです。Ｊ２とのそうした違いに慣れるまでに、相応の時間がかかりました。

チームは最終的に15勝５分14敗と白星先行へ持ち直し、８位でフィニッシュしました。後半戦は６連勝も記録しました。Ｊ１昇格１年目としては、悪くない成績だったと感じます。ディフェンダーの箕輪義信選手が日本代表に選ばれたことは、チーム全体にとっての自信になりました。

Ｊ２に比べると守備の時間が長くなったので、僕のプレーも変わっていきます。相手のプレッシャーを受けにくく、味方からパスを受けやすいポジションを探して、攻撃に関わっていく。ジュニーニョ、我那覇和樹、マルクスらの得点源に、決定的なパスを届ける。ボランチとして、守備でもハードワークする。

自分のプレーをＪ１仕様へ変えていくために、シーズンを通して試行錯誤を繰り返しました。あがいて、考えて、自分のプレーを映像で観返して、改善点を探していく。それは、**Ｊ２からＪ１へ戦いのステージが上がったことで、一つひとつの才能をブラッシュアップする**作業と言うことができました。

「考えて走れ」の意味

長身で空中戦に強い。技術が際立って高い。そういった目に見える才能はもちろん大切ですが、誰もが備えている **「考える才能」をしっかり働かせることが、自分を差別化する**ことにつながります。

自分の才能が何かを自覚する。何が得意で、何が苦手なのかを整理する。そのうえで、所属している組織で、自分の才能をチームの目的達成のためにどうやっていかすべきか。どのように振る舞えば、自分は有益な「個」になれるのか。そう考えるのも

「才能」のひとつであり、自己分析を怠ると才能の一部分しか使えないということが起こってしまいます。

一人ひとりがしっかり考えプレーする、その精度や深度が高ければ高いほど、チームは機能する。僕はそれを、イビチャ・オシムさんの日本代表で体感しました。

オシムさんのもとで戦った２００７年のアジアカップで、僕はダブルボランチの一角としてプレーしました。もうひとりのボランチは鈴木啓太で、シュンさんこと中村俊輔さんが右サイドハーフ、遠藤保仁さんが左サイドハーフでした。

彼ら３人とは、最低限のコミュニケーションしか取っていません。それで事足りたからです。

シュンさんが右サイドから内側へ入ったら、右サイドバックの加地亮さんはオーバーラップする。ボランチの僕も連動する。シュンさんが内側へ入ったら、その瞬間に周りの選手が同じ画《え》を描くことができていました。

この大会で中盤を構成した４人は、足が速いとか身体が大きいといった目に見える身体的特徴の持ち主ではなかったと思います。それでも、サッカーＩＱの高い選手が揃っていました。個々が「考える才能」を存分に発揮していたのです。

オシムさんのトレーニングやオーガナイズにも、触れるべきでしょう。

「考えて走れ」と、オシムさんは僕ら選手に言いました。

一人ひとりが考えた動きに対して、オシムさんは「それは良い、それは良くない」

とジャッジしてくれました。考えて走るというのはどういうことか、このチームで求められているプレーを提示されることで、選手は頭の中が整理されていきます。それは決して押しつけではなく、選手自身が考えて走り、それを受けてオシムさんが選択肢を広げる作業の繰り返しによって、オシムさんのイメージがチーム全体に浸透していきました。

考えることは誰にでもできますから、「考える才能」は後天的に伸びる余地が大いにあります。むしろ、**考える才能は伸びしろしかない**、と言ってもいいぐらいです。「足が速い」も「テクニックがある」も限界があります。けれど「考える」ことに限界はありません。

「きっかけ」で才能は化ける

岡崎慎司が走り方を見直したことは、すでに触れました。ランニングのフォームを矯正して速く走れるようになったと聞きましたが、彼は「考えて走り、予測して走る」ことができる選手です。

２００９年６月に行なわれたウズベキスタンとのワールドカップ南アフリカ大会アジア最終予選で、僕の浮き球のパスから岡崎が決勝ゴールを決めました。中盤でパスを受けて前を向いた瞬間に、彼がディフェンスラインの背後へ走り出している姿が目に留まりました。オフサイドにならないギリギリのタイミングで、ディフェンダーの予測を出し抜いて走っている。所属チームでも同じような動き出しを何度も観ていたので、僕もタイミングを逃すことなくパスを出すことができました。

川崎フロンターレのチームメイトだったジュニーニョも、「考えて走る」選手でした。彼は2003年に入団した〝同期〟で、1年目は3―4―2―1の2シャドーの一角が定位置でした。加速力抜群のスピードという才能は際立っていましたが、元々がミッドフィルダーの選手でチャンスメーカーだったため、入団当初はシュートはあまりうまくありませんでした。シーズンが進むにつれて得点感覚とシュート技術が磨かれていくと、J2リーグで得点ランキング2位の28ゴールを記録しましたが、それでもプレーはまだまだ粗い印象でした。

そして迎えた2年目はJ2リーグで史上最多の37ゴールを記録し、得点王に輝きます。彼は「1年目とは点の取り方が変わった。取り方を覚えていった」と話していました。

パスの出し手として感じたのは、ディフェンスラインの背後へ飛び出すタイミングの変化です。「この選手がこの位置でボールを持ったら、パスの到達地点はここだ」と考えて、予備動作なしでビュッ！　と飛び出す。パスを出すタイミングを僕が間違えなければ、彼はかなりの確率でシュートへ持ち込むことができていました。

実は04年から監督が代わり、システムも変わりました。ジュニーニョは2トップの一角が定位置になりました。最前線への「配置転換」によってスピードを存分にいかすことができ、得点能力が引き出されたのは間違いありません。

「才能」は、ひとつのきっかけで大きくなるということを、改めて感じます。

chapter 6

才能の方程式

チームスポーツのサッカーに必要な才能とは何か。

様々な具体例を示しながら考えていくなかで、「才能はかけ合わせによって、どんどんと輝きを増す」ということがはっきりしてきたと思います。

世界のスーパースターと呼ばれる選手も、ひとつの才能だけでその地位を確立しているわけではありません。足が速い選手であれば、速さを効率的かつ最大に発揮するために自分を見つめ、考え、チームメイトと連携する。チームに利益をもたらすプレーを追求し、うまくいかなければあがく。キリアン・エムバペにしても、スピードだけで勝負しているわけではありません。

ここでポイントとなるのは、一つひとつの才能は飛び抜けていなくても、**かけ合わせる才能が多ければ多いほど、それぞれの才能が引き立つということです。**

日本代表として歴代3位の50ゴールを記録した岡崎慎司は、身長174センチでありながらヘディングシュートも多かった。俊足と呼ばれる選手ではなかったけれど、ディフェンスラインの背後を突くことができた。予測する才能、相手より早く動き出す才能、考えて走る才能のかけ合わせによって、彼は日本代表に数多くのゴールをもたらしたのでした。もちろん、基本的な技術の水準が高かったのは言うまでもありません。

１６５センチの選手、１７５センチの選手、１８５センチの選手では、それぞれにできることが違います。１６５センチの選手と１８５センチの選手が空中戦を競り合ったら、１８５センチが有利でしょう。けれど、ゴール前の密集へ潜り込んでいくのは、１６５センチのほうが得意かもしれません。

大切なのは、**自分のスペックの最大値を出せるか**。1回や2回、数か月に1回ではなく、コンスタントに最大値を発揮できるように努めることで成長していきます。

僕自身、身長がなかなか伸びなかった小学生や中学生の時は、すでに身体が大きい選手、すくすくと成長していく選手をうらやましく思うことがありました。けれど、持っているスペックが違うのだから、他人と比較することはそもそも意味がない。**他人と違うことは自分の個性であり、個性のなかに自分なりの才能がある**と、うらやむ思いを振り切りながらプレーしていました。

現役でプレーしていた当時、新加入選手が来るのが楽しみでした。

その選手はどんな個性を持っていて、チームにどんな化学反応をもたらしてくれるのか。自分はどんな刺激を受けるのか。**他人から受ける刺激は、才能をさらに伸ばしたり、眠っている才能に気づいたりするきっかけを与えてくれます。**

大久保の移籍

川崎フロンターレに移籍してきた選手では、大久保嘉人から大きな刺激を受けました。彼とはそれ以前にも日本代表でプレーしていましたが、野性味溢れるタイプ、感覚的なタイプかなという印象を抱いていました。ところがクラブでチームメイトになると、印象がまったく変わりました。サッカーIQが高く、ものすごく繊細なのです。

前所属先のヴィッセル神戸では、複数のポジションで起用されていました。点を取ることも、チームメイトに取らせることも、守備で頑張ることもできるので、チームからたくさんのタスクを求められていたのでしょう。キャプテンを務めたシーズンもありましたから、結果に対する責任も背負っていたに違いない。いつパンクしてもおかしくないような状況だったのかもしれません。

川崎フロンターレでは、彼が点を取ることに集中できるように、攻撃の設計図をチームで作りました。彼も「自分はこういう動きをする」、「こういうパスがほしい」と、パスの出し手となる僕や大島僚太にどんどん要求してきました。周りとのイメージがどんどん共有されていき、その結果として、3年連続で得点王となりました。

同時に、大久保はラストパスを出すこともできるのです。

前線で連携する小林悠やレナトに取らせることもできるので、川崎フロンターレというチームでどう振る舞えばいいのかを、大久保は自己分析していたのでしょう。必要なところはチームに合わせる柔軟性もありました。「周りに点を取らせることで自分に返ってくる」。彼はそう言っていました。

コンバートが配置転換なら、移籍は同業他社への転職です。

会社に企業風土や企業文化があるように、サッカーチームにもそのチーム特有の人間関係、価値観、行動規範といったものがあります。そういったものを尊重することで、活躍できる可能性は高まります。

大久保が１７０センチのサイズで得点を量産した理由を挙げれば、「止めて、蹴る」の技術が高く、シュート練習に飽くことがない。全体練習後に毎日、毎日、何十本もシュートを打っていました。

さらに加えて、相手を出し抜く力がある。相手を見て逆を突くことがとても上手でした。

サッカーの本質は何かと聞かれたら、人によって色々な答えが出てくるでしょう。僕も複数の答えを持っていますが、そのひとつに「相手を出し抜く」というものがあります。

国語辞典に載っている「出し抜く」は、相手のすきに付け込んだりだましたりして、お互いのやりたいことを自分が先にする、という意味です。「すきに付け込む」とか「だます」のは、南米で言うところのマリーシアに似ているかもしれません。

僕が考える「出し抜く」とは「相手に予測をさせない、予測されても上回るプレー」を指します。

川崎フロンターレに18シーズン在籍し、たくさんの選手たちを見てきました。対戦相手としても、数多くの選手を見聞きしました。プロの壁にぶつかって自力で乗り越えた選手がいれば、スタッフやチームメイトの支えで乗り越えた選手もいます。逆に、思うようにプレーができなくて他チームへ移籍した選手、サッカーから離れた選手もいました。

プロになるほどの選手ですから、プロの世界で戦えるだけの武器は持っている。間違いなく才能はある。そのなかで、長くキャリアを構築する選手と、数年でプロの舞台から去る選手がいる。自分はどうしたら相手を出し抜けるか、生き残っていけるかについて、あがくことができるかどうかが未来を分けるのです。

川崎フロンターレに加入する前年の大久保は、リーグ戦で4点しか取っていません。それが13年は26ゴールです。苦しみを経て這い上がる力を、30歳を過ぎて示してくれました。本当にたくさんの才能がかけ合わさった結果として、彼はチームに多くのものをもたらしてくれたのです。

家長と阿部の「刺激」

チームにとっても才能のかけ合わせは大きな意味を持ちます。自分たちとかけ合わせの違う選手がいるから意外性もあり、プレーの幅が広がります。そういう意味で新加入選手の存在は大きいです。彼らの存在で化学反応がどれだけ起こるのか。

川崎フロンターレは２０１７年に、クラブ初のタイトルとしてＪ１リーグ優勝をつかみます。

そのシーズンに加入してきたのが、家長昭博と阿部浩之でした。彼らもまた、既存のメンバーを大いに刺激してくれました。

16年までの僕らは、「どの試合でも勝ちにいく」という姿勢を鮮明に打ち出していました。それによって、ファン・サポーターの支持を集めることができたのは間違いありません。

足りなかったのは、勝負強さでした。06年から09年にかけてＪ１リーグ２位が３回、Ｊリーグカップ準優勝が2回と、タイトルを争えるチームになっていきます。ただ、「どうやって勝つのか」にこだわることで、「タイトルへの執念」が自分たちのキーワードとしてなかなか定着しないのです。そのため、「ここぞ」という大事な試合を落とすことがありました。

ガンバ大阪でＪ１リーグ、リーグカップ、天皇杯の三冠を獲得した経験を持つ阿部には、「勝負強さが足りない」と映ったのでしょう。川崎フロンターレの「攻めて勝つ」姿勢を尊重しつつ、彼はペースダウンの必要性を浸透させていきました。ある試合では「今日の展開なら、引分けでもＯＫだよ」と言うこともありました。

プレーでは、前線からの守備が非常にうまかった。どうやって追い込むのか、迫力のある追い込み方はどういうものなのか、彼の動きを見て僕も、小林悠も、大島僚太も覚えていきました。

家長は彼が戦術として成り立つぐらいの「個」の持ち主です。その彼を、どうやってチームに組み込むか。彼の才能をチームに落とし込むか。

行き着いたのが「家長は家長としてプレーしてもらう」ことでした。

彼は左利きという才能を持っています。左利きならではの感覚やアイデアを、存分にいかしてもらう。そのために、僕らが彼に合わせていく、という発想に切り替えました。

家長自身も日々の練習を通して、川崎フロンターレのやり方に慣れていきます。17年シーズンの半ばからは、異次元の存在感を見せていきました。

才能の再開発

彼らとともにプレーすることで、僕自身は選手寿命が延びました。

僕はふたりが加入する前年に、Ｊ１リーグのＭＶＰを受賞していました。それなのに、自分とポジションが被りそうなふたりを獲ってきたのです。「クラブはオレをアテにしていないのか」と思いましたが、もちろんポジションを譲るつもりはありません。

この17年シーズンは、監督交代もありました。風間八宏さんが退任し、コーチだった鬼木達さんが監督に昇格したのです。

鬼木さんが目ざすサッカーを理解して、新加入選手の特徴もつかんで、自分ができることを示していく。36歳までの自分はこうだったけれど、37歳も同じでいいのか。いいはずがない。運動量が減ったら、「衰えた」と言われる。チームのために誰よりもハードワークする。球際で戦う。切り替えを速くする。そうやって37歳になっても全力でチャレンジすることで、成長することができました。変わらなきゃいけない部分と変えてはいけない自分の武器をしっかり持ちながら、自分を日々見つめ直し続けていくことで、40歳まで現役を続けることができました。

移籍には「移籍をした選手が活躍できるのか」、「移籍で選手を獲得したチームはうまくいくのか」といった加入する選手側の見方が多いですが、受け入れる側の選手にとっても、未来を左右するトピックです。**僕自身は移籍で加入してくる選手たちとポジションを争ったり、共存を探ったりすることで、自分自身を見つめ、新たな才能を見出し、再開発**することができました。

ペップの成功の源

選手を使う側であるプロチームの監督もまた、責任は大きいと言えます。

クラブチームの監督の場合、今日はこんな練習、明日はこういう練習と、チームが勝利・成長できるように自分の知識を日々アウトプットしていきます。それでいて、インプットをする時間は限られている。Jリーグやヨーロッパの強豪チームになると、ほぼ週2試合のペースで試合を消化していきますから、監督は新たな学びの時間はほとんど見つけられないと言ってもいいでしょう。

Jリーグがシーズンオフになると、ヨーロッパへ視察に出かける監督がいます。自分の持っているものが枯渇しないように、最先端のサッカーに触れて新しいもの、触れていないもののインプットに励むのでしょう。

そうやって考えると、ペップ・グアルディオラは規格外です。

08年7月、選手時代を過ごしたFCバルセロナの監督となり、4シーズンにわたって采配を振りました。翌12―13シーズンは監督業から離れ、13―14シーズンにドイツ・

ブンデスリーガのバイエルン・ミュンヘンの監督に就任します。ここで3シーズンを過ごすと、今度は休みなくイングランド・プレミアリーグのマンチェスター・シティの指揮官となりました。マンチェスター・シティで16―17シーズンから采配を振り、24―25シーズンは9シーズン目です。

同一チームをこれだけ長く指揮していると、監督自身も、選手たちも、マンネリ感に襲われてもおかしくありません。ところが、過去8シーズンでプレミアリーグを6度制覇し、22―23シーズンにはチャンピオンズリーグを制してヨーロッパのクラブの頂点に君臨。翌23―24シーズンはクラブワールドカップでも優勝している。国内のカップ戦を含めて、ほぼ毎シーズンタイトルを獲っているのです。

世界のトップ・オブ・トップの選手が集まっているのだから、タイトルを獲るのは当然かもしれません。クラブ側からも、常勝を求められているのは間違いない。

インプットがままならない状況で、グアルディオラはなぜ結果を残しているのか。

彼は選手を積極的に入れ替えています。主力選手でもタイミングを見て放出する。新しい選手が入ってくれば、その選手をどうやって生かすかを考える。新加入選手を含めて、どういう組み合わせが有効なのかを探していく。それまでにない化学反応を起こそうと、グアルディオラはアイデアを巡らせる。選手も刺激を受ける。マンネリ感はありません。

選手だけでなく、コーチも入れ替えています。同じコーチと一心同体で仕事をする監督もいますが、グアルディオラは一緒に仕事をしたことのないコーチも入閣させる。自身のチームマネジメントや戦術などを、アップデートしているのでしょう。

グアルディオラはバルセロナ、バイエルン、マンチェスター・シティで数多くのタイトルを獲得してきましたが、その裏側では常に新しい景色を求めている。**飽くなき探求心こそが彼の成功の源であり、選手の才能を引き出すことができる理由なのでしょう。**

プライベートの影響

移籍を経験した選手に聞くと、「ものすごくパワーを使う」と口を揃えます。

監督が変わり、チームメイトが変わる。自分を理解してもらうところから、スタートしなければならない。監督の戦術的志向を理解して、チームメイトの特徴を把握していかなければならない。プレーには性格も反映されるので、どんな人間なのかも知っていく必要がある。

環境も変わります。クラブハウスや練習グラウンドに、慣れていく。自宅からクラブハウスまでの交通手段、所要時間を把握する。ピッチの内外が一変するのです。

独身ならプライベートは後回しに、ということもできるでしょう。けれど、結婚していたり、子どもがいたりすると、毎日がめまぐるしく過ぎていきます。新しい住居をできるだけ早く決めて、子どもの保育環境や教育環境を素早く整えて、引っ越しに伴う様々な手続きを済ませて、新たに必要なものを購入する。いくら時間があっても足りません。

慣れない土地で過ごすことになった奥さんと子どもたちが、精神的にストレスを抱えるかもしれない。家族が浮かない表情をしていたら、選手は「自分の移籍が理由で負担をかけてしまって、申し訳ない」と思うでしょう。それがピッチ上でのパフォーマンスに表われてしまうことがあります。

僕自身、子どもたちのことが気になったり、妻と衝突したりしたことが、パフォーマンスに影響したという経験があります。プロフェッショナルとしてプライベートを仕事に持ち込んではいけないし、試合が始まったらプレーに集中していたつもりでしたが、自分のパフォーマンスが優れない、チームの結果も良くない、ということがありました。

チームメイトを見ても、「最近調子が良いけど、何かあった?」と聞くと、「実は彼女ができました」ということがありました。逆に、このところあまり調子が良くない選手に声をかけると、「妻とケンカしていまして」とか「親が体調を崩していまして」といった答えを聞くことがありました。

自分にとって近しい人が、元気に過ごしている。家族との時間が楽しい。プライベートで悩みがなく、気持ち良く仕事に打ち込めていることも、才能を発揮する前提のひとつと考えていいでしょう。プロサッカー選手も、ひとりの人間です。

悩みを抱えている選手を少しでもサポートしたくて、チームメイトには日頃から話しかけるようにしていました。何かに困っているような選手がいたら、食事に誘うこともありました。結婚している選手は家族も一緒に、彼女がいるなら一緒に、ということもありました。

家族が不安を感じることなく元気に過ごしていることは、選手が才能を発揮するうえで見落とせない要素です。

チームの役に立つ人になる

移籍に関連してもうひとつ触れたいのは、「使われる才能」です。それに対して、監督によってチーム内での立場が変化する選手がいます。

どのチームでも、どんな監督でも使われる選手がいます。

どちらが理想の選手像なのかは、言うまでもないでしょう。チームや監督、もっと言えばチーム戦術やシステムを選ぶことなく、ピッチに立つことができるのが理想です。

リオネル・メッシやキリアン・エムバペなら、どんな条件があってもスタメンで出場できるでしょう。しかし、彼らのようなスペシャルな才能を持っていなくても、重用される選手がいます。

その条件は三つ。

監督が志向するサッカーを理解する。

そのなかで、自分がどう振る舞えばチームの利益になるのかを考える。

周りとコネクトして、自分の最高出力を出せるようにもっていく。

陸上の１００メートル競走なら、「自分の最高出力を出す」ことにのみ集中すれば良い。一緒に走るランナーより、１００分の１秒早くフィニッシュラインへ飛び込むことだけを考えるべきでしょう。

サッカーは個人競技ではなくチームスポーツなので、「周りとコネクトする」ことが欠かせません。川崎フロンターレでダブルボランチを任されたら、隣に立つボランチが誰でも、チームに利益をもたらさなければならない。パートナーによって自分の役割が変わってくるなかでも、「大島僚太とじゃないとできない」自分では出場機会が限られてしまいます。

止める、蹴るがどれほどうまくても、スピードがあっても、チームに利益をもたらすことができなければ、試合で使ってもらうことはできません。使ってもらえるとしても、プレータイムは限られてしまうでしょう。

言い方を変えると、「自分がやりたいことをやっているだけでは、選手として長生きすることはできない」のでしょう。できないこと、苦手なことがあってもいいのです。

できないこと、苦手なことを、そのままにしておかないことが大切です。

少しずつでもいいので、かけ合わせできる才能を増やしていく。それによって、自分の居場所を見つけて、自分の立場を確立していく。

誰よりも足が速ければ、身長が高ければ、試合に出られる可能性は高いでしょう。技術の水準が高ければ、試合に出られる可能性は高くなるでしょう。けれど、高いレベルで長くサッカーを続けたいのであれば、色々なことができたほうが良い。できることが多いほうが良い。「チームの利益から逆算した自分の振る舞い」を突き詰めていけば、どんなチームでも、どんな監督のもとでも、試合に出られる確率は高まるはずです。

このチームの勝利のために何をするべきかを考えて、それが今までやったことのないものでも、とにかくやってみる。それは、自分のプレーの幅を広げることにつながります。そうやって取り組むことで、少しずつ周りと嚙み合っていきます。

僕自身は移籍を経験していませんが、川崎フロンターレから日本代表へ招集されると、違う監督のもとでプレーすることになります。クラブでのパフォーマンスを評価されて呼ばれているので、プレースタイルを大きく変えることはありませんでした。

ただ、クラブと同じシステム、同じポジションでも、コンビを組む選手は違います。クラブとは違うポジションで起用されることもありました。自分のプレーを絶えず微修正して、何を求められているのかを考え、周囲とコミュニケーションを図りながら、チームの利益になるようなプレーを探し続けていきました。

「武器」を持とう

「使われる才能」を後押しするものとして、自分なりの「武器」は欠かせません。代名詞となるようなプレーです。

あなたが会社を経営していて、社員を募集したところ、ふたりから応募がありました。

ひとりは、「何でもやりますから、ぜひ採用してください！」と言いました。

もうひとりは、「自分はこれが得意なので、ぜひ採用してください！」と言いました。

さて、どちらを採用しますか？

僕なら「得意なもの」を具体的に挙げた人に惹かれます。はっきりと口にできる「武器」を持っているからです。

チームに利益をもたらすことには、「数字」も含まれています。

フォワードならゴールやアシストを求められる。ゴールキーパーやディフェンダーなら、失点をできるだけ減らす。サイドアタッカーなら、クロスでアシストできるか。サイドバックなら、何回スプリントできるか。

「アイツなら決めてくれる」とか「アイツなら抑えてくれる」という起用の裏づけと

なる武器は、プロサッカーの世界では必須です。「この選手の武器はこれ、あの選手の武器はこれ」と、みんながイメージできるチームは強いし、勝つ確率が高いものです。「武器」と言うくらいですから、鋭い、強い、速い、柔軟、といったものがいい。それが日本一とか世界一でなくてもいいのです。自分が所属しているチームのなかで、他の選手が持っていないものであれば、あなたの「武器」は価値を持つのです。

「武器」は「見せ方」も大事です。

2024年のサッカーシーンで最もホットな存在と言ってもいいラミン・ヤマルは、左利きの右ウイングです。得意なプレーはカットインからのシュートとクロス。クロスは主に2種類あります。内側へ切り込んでゴール左へ巻く。もうひとつは、縦方向へ持ち出して平行に出す。

三つの「武器」を見せられた守備側の選手は、カットインのコースを消したら縦へ行かれてしまい、縦へのコースを消したら内側へ持ち出されるので、簡単に飛び込めない。どうしても間合いを取ってしまう。しかしそうすると、ヤマルに自由にプレーされてしまう。

ユーロ2024で優勝したスペインは、ヤマルのゴール左へのクロスにセンターフォワードのアルバロ・モラタ、左ウイングのニコ・ウィリアムズが反応していました。並行パスは左インサイドハーフのファビアン・ルイスが、シュートへつなげていました。パスの出し手と受け手の関係が、はっきりと見えていました。ルイス・デ・ラ・

フェンテ監督は、**ヤマルの武器に他の選手をかけ合わせて、右サイドからの得点パターンを構築**しているのです。

武器は効果的に使え

日本人選手で誰もが分かる武器の持ち主と言えば、**三笘薫**を思い浮かべる人が多いのではないでしょうか。

彼の代名詞はドリブルです。川崎フロンターレに在籍していた当時は、全体練習が終わるとチームメイトをつかまえて、１対１の勝負を何度も、何度もやっていました。プロ入り前から自主練習を続けていたそうです。

同じドリブラーでも、三笘と伊東純也はタイプが違います。伊東はスピードで相手をぶっちぎることができる。それに対して三笘は、ドリブルのスピードが速い。ボールと一緒に動くのが、他の選手よりも速いのです。

ドリブラーは少しぐらい強引でも自分で仕かけるタイプが多い。そういう場面で、三笘は無理をしません。「スペースがないな」、「相手が自分に食いついてきたな」と判断したら、迷わずにパスを出す。

ボールを持った彼は、視線が上がっています。前傾姿勢でも目線が下がらず、間接視野で状況を見ている。だからパスを出せるのでしょう。中学生や高校生ではトップ下をやっていたので、パスを出す感覚も備わっている。

対戦相手からすると、ドリブルもパスも警戒しなければならない。三笘という選手は、1対1で対峙する相手に、的を絞らせないのです。**武器の見せ方に長けているの**です。

サッカーで優位に立つには、相手が嫌がることをやり続けることが、何よりも効果的です。「このチーム（選手）、ウザいな」と思わせることができれば、自分たち主導でゲームを進められる確率が高まる。そういう意味で、三笘のドリブルは相手にとって脅威です。

川崎フロンターレのアカデミー所属当時から、三笘のことは知っていました。当時は率直に言ってドリブラーのイメージは強くなかったのですが、彼自身が目覚めるきっかけがあったとすれば、筑波大学2年時の天皇杯2回戦、ベガルタ仙台戦が挙げられます。

自陣から相手ゴール前までひとりで持ち込んで先制ゴールをゲットして、3対2の勝利につながる決勝点も決めました。プロチーム相手に結果を残したことで、ドリブルは自分の武器になるのだと、自分で認識していったのではないかと思うのです。

スピードスターと呼ばれる伊東も、実は俯瞰的な視野を持っていると感じます。

24年9月に行なわれたワールドカップ北中米大会アジア最終予選、中国戦で途中出場した彼は、後半終了間際に前田大然のゴールをアシストしています。右サイドからドリブルで内側へ持ち出しながら、相手を抜き切らずにゴール前へクロスを供給しました。

試合後に「大然ならあそこへ入ってくるだろうと思った」と振り返ったように、左サイドから走り込んでくる前田をしっかりと把握していました。練習で培ったパターンのひとつかもしれませんが、伊東は遠くまで見ることができる選手なのです。

ドリブル突破だけじゃなくクロスもある。シュートも狙う。だからこそ彼と対峙する相手守備者は、三笘と同様に守りにくい。彼も自分の武器を効果的に見せているのです。

才能があると言われる人はこの「武器」、つまり、自分はこれができるということを早く理解し、そのことに対して自覚的になり、力を伸ばしていけると言えるかもしれません。

今こそ応用力が必要

Jリーグ開幕から30年以上が経ち、JリーグはJ1、J2、J3の3つのディビジョンで合計60チームが競り合っています。将来的なJリーグ加盟を目ざすクラブも、まだまだあります。

サッカー中継はJリーグ、海外サッカーともに、配信が中心となっています。地上波やＢＳ放送での放映が減っていて、お金を払わなければ観られない試合が増えていることには、賛否両論があります。ただ、サッカーをプレーする環境や視聴する環境において、地域格差を感じなくなったのは事実でしょう。

環境が整えば、どこかに弊害が生じるものです。

僕自身が感じるのは、「気軽にサッカーをやって遊べる場所」が減っていることです。放課後の小学校のグラウンドを自由に使えないとか、公園はボールを使って遊べなくなっているので、今の子どもたちにとって、幼少期からサッカーは「遊ぶものではなく教えられるもの」になっている。

Ｊリーグの育成組織や街クラブで子どもたちを指導している方々は、レクリエーションの要素を入れたりしながら、子どもたち自身が「考える場面」を増やしていると思います。ただ、フットサルコートとか人工芝とか、整備された環境でボールを蹴っていると、雨が降って水たまりができたグラウンドとか、芝生が長くてボールが走りにくいグラウンドなどに立つと、どうしても戸惑ってしまいます。

「止める、蹴る」はしっかりしているし、原理原則も身に付いている。けれど、応用力を磨く機会を与えられないまま小学生から中学生、中学生から高校生へと進んでいく選手が、相対的に増えているように感じます。

２０２０年シーズン限りで現役から退いた僕は、川崎フロンターレリレーションズオーガナイザーに就任しました。英語の頭文字を並べて「ＦＲＯ」と呼ばれる立場で、普及・育成部門を中心に活動をしてきました。

24年で就任4年目になりました。21年に中学3年生だった選手は、高校3年生になっています。彼らの成長の足跡を振り返ると、才能を見極める難しさを実感せずにはいられません。

中学生から高校生の年代は、身体が大きくなります。学習環境が変わります。生まれ育った地元の中学校から他県の私立の高校へ行ったりすると、育ってきた環境が違う同級生と混じり合う。たくさんの刺激を受けることで、成長速度が一気に上がる選手が出てきます。

ジュニアユースの最終学年となる中学3年生に対しては、その年の夏頃にユースへ昇格できるかどうかを告知しなければなりません。チームの中心となっている選手、試合に出ている選手が昇格候補になりますが、その時点で試合に絡んでいない選手にも、見どころはもちろんあります。3年後、5年後、10年後までを見通して「この選手はユースへ昇格させるべきかどうか」と判断するのは、とても、とても難しいのです。

ジュニアユースからユースへ昇格できなかった（あるいは自分の意思でしなかった）選手が、高校サッカーの舞台で才能を伸ばしていくケースは多々あります。たとえば、川崎フロンターレのジュニアユースから静岡学園高校へ進学した浅倉廉《れん》は、高校選手権で優勝して拓殖大学へ進み、24年シーズンにJ2リーグの藤枝MYFCでプロ選手となりました。

ユースからプロになる。大学からプロになる。Ｊ３の下のＪＦＬのクラブでサッカーを続け、プロの目に留まる。プロへのルートは複線化していますが、最終的には自分の意思が重要だと思います。「何が何でもプロになる」、「サッカーの世界で成功する」といった思いを、持続力を持って育んでいけるかでしょう。

才能をいかに伸ばすか

Ｕ－17日本代表のロールモデルコーチを務めていた当時、監督の森山佳郎さん（24年よりベガルタ仙台監督）が選手たちにこんな話をしていました。

「君たちはＵ－17日本代表として今ここにいるけれど、Ｕ－19、Ｕ－20、Ｕ－23、年齢制限のない日本代表とカテゴリーが上がっていくにつれて、Ｕ－17日本代表の経験者は減っていく傾向にある。少なくとも今この時点では同世代の先頭を走っているのだから、このまま他の人に追い抜かれないように頑張ってほしい」

僕も選手たちに言っていました。

「僕はＵ－17日本代表に選ばれるような選手に、ほとんど見向きもされない都立高校でサッカーをやっていて、同世代で先頭を走る選手に追いつけ、追い越せと頑張って、日本代表にもなった。自分が本当にやるべきことを続けていけば、君たちはこれからも同世代の先頭を走っていける。**どういう自分になりたいのかは自分次第だよ。今頑**

張るのも、頑張らないのも、自分で決めればいい。でも、頑張った成果は君のものだし、頑張らなかったことで代表に選ばれなかったとしても、その責任は君自身が負うものだからね」

追い抜いた側の人間が言うのですから、リアリティがあるのでしょう。森山さんの話に加えて僕の話を聞くと、選手たちの目の色が変わります。

小学生や中学生から際立った活躍をして、U－17日本代表に選ばれるぐらいの選手ですから、間違いなく才能はあるのです。

その才能を、いかに伸ばしていくのか――。

日本がワールドカップで優勝するためにも、その答えを見つめていきたいのです。

おわりに

中村憲剛というサッカー選手が、かくも幸せなキャリアを過ごすことができたのは、たくさんの巡り合わせと出会いに恵まれたからです。これはもう、間違いありません。

自分自身のキャリア形成の理由を探すと、中学1年生の時の出来事が挙げられます。クラブチームを辞めて、サッカーができる場所を自分で取り上げてしまったことです。

サッカーをやめてからは中学のプログラム研究部に入り、ロールプレイングゲームを作っていました。僕は与えられた環境で楽しみを見つけるタイプなのですが、プログラミングをしていても心が満たされない。いつも渇いていました。

サッカーから離れると、自分の才能を表現する場所がない。心から楽しいと思える時間を、過ごせなかった。

サッカーができないと、自分が自分でなくなる。自分らしく生きられない。サッカーができない恐怖が、心の奥深くに刻印されました。

もう二度と、あんな思いはしたくない。

好きなサッカーを全力で楽しみたい――自分の才能を自覚して、磨いて、伸ばしてといった作業は、ピッチ上でどうやって輝くのかという答え探しだったような気がします。

　学生時代は自分のパスから点が決まったり、自分が得点したりすると、試合を観に来てくれた家族、友だちのご家族、監督やコーチが喜んでくれました。自分が嬉しいだけでなく、みんなに喜んでもらえる。「ああっ、サッカーって良いな、楽しいな」という思いが、胸の中で躍っていました。

「できない」を「できる」にする

　プロ選手になると、何万人という観衆が自分のプレーに湧き上がる。これはもう、何度経験しても鳥肌が立ちました。2019年に左膝前十字靱帯損傷の大ケガを負った時も、「もう一度、スタジアムでファン・サポーターの声援を受けてプレーしたい」という思いが、大きなモチベーションになりました。

　小さな才能をたくさんかけ合わせて、プロの世界で何とか頑張ることができた僕に、誰かに誇れる才能があるとしたら――。サッカーをとことん好きでいられることです。

　苦しいことも辛いこともたくさんあるけれど、それも自分が成長する糧だと思えば乗り越えられる。乗り越えて、もっとうまくなろうと思う。サッカーに関することなら、どんなことでも苦にならない。それが、中村憲剛を支えた最も大きな「才能」だった気がします。

才能に気づく、磨く、いかすために、「考える力」が必要だと繰り返し書いてきました。

考えることができるゆえに、自分の才能に見切りをつける人がいます。

たとえば、自分の高校のサッカー部は強豪校ではなく、その中でも自分はレギュラーでない。こんな自分がプロになるのは、現実的に無理だろう――といった感じです。

僕は、違いました。

「自分にはこれができない、だからプロになれるはずがない」と考える中学生や高校生には、「できない」のでも「なれない」のでもなく、「いまはまだ足りていないだけ、それは必ず埋められる」と伝えたい。10代なら「できない」を「できる」にすることは決して不可能ではありません。すべては自分次第です。無理だと思うから無理なのです。サッカーが好きなら、サッカーに人生を賭けたいのなら、諦めてはいけない。

サッカーを始めたタイミングでは、全員が100パーセントの可能性を持っています。「自分は止める、蹴るがうまくない」とか「センスがない」と様々な理由を作って、自分で可能性を削っていることに気づいてほしい。

もちろん、努力するのは大前提です。自分の目標に向かって、あがき続ける。苦しい時こそ踏ん張りどころで、その人の本質が浮き彫りになります。

指導者の言葉

僕は30歳を過ぎてから、サッカーがうまくなりました。風間八宏さんが川崎フロンターレの監督になり、「自分にフォーカスしろ。もっとうまくなれるぞ」と言われて、もう一度自分の技術を見つめ直して、練習に取り組みました。そうすると、自分でもはっきりと自覚できるぐらいにうまくなったのです。

風間さんに出会って、ベテランと呼ばれる年齢になってもサッカーがうまくなることを知りました。価値観を書き換えられました。

風間さんの後任の鬼木達監督のもとでは、チームに足りないところを埋めたらもっと強くなるのだ、ということを知りました。試合前のロッカールームで、鬼木さんはホワイトボードに必ずと言っていいほど「球際、切り替え、ハードワーク」と書いていました。どんな相手でもこれがないと勝てない、これをやらないと勝てない、と。「我々と対戦する相手はどこも、この三つで上回ろうとしてくる。我々がその部分で勝てば、負ける理由がないのだ」と。

指導者の言葉の重みを実感しているので、自分が指導する立場になってからは言葉選びに気をつけています。川崎フロンターレの育成年代や母校の中央大学サッカー部で選手たちと向き合いながら、何を伝えるのか、どんな言葉で伝えるのか、いつも考えます。

僕がテクニカルアドバイザーを務める中央大学サッカー部では、ピリオダイゼーションというトレーニング理論を採用しています。オランダのレイモンド・フェルハイエンさんが提唱し、ヨーロッパではかなりポピュラーになっているものです。僕は23年度のS級指導者養成講習で習ったのですが、筋トレや素走りではなくサッカーの動きをしながらフィジカルを鍛えるというものです。そのトレーニングのひとつが「オールアウト」です。

たとえば、6対6で十数分間のミニゲームをする。体力的に限界まで追い込むので、本数を重ねるとどんどんキツくなっていきます。選手たちには、「そのキツいなかで、チームのために足を動かせる、声を出せる、味方に選択肢を作れる選手が、最後にチームを救うぞ」と問いかけます。「逆に、この苦しい場面で味方に文句を言ったり、ボールを追いかけなかったり、身体を投げ出さなかったりする選手は、試合で苦しい場面でも絶対に同じことをするぞ。みんなはどっちの選手、チームになりたい？」とも言います。

自分が発したひとつの言葉が、彼らのサッカー人生を左右するかもしれない。軽はずみな発言はできません。プレッシャーさえ感じます。練習が終わって自宅へ戻る車のなかで、「今日、これを言って大丈夫だったかな」とか、「やっぱり言わないほうが良かったかな」といつも考えます。

指導者は待つ

今日の練習で伝えたことを受けて、選手が次の日から変わる、その週末の試合で変わる、ということがあります。試合中にある選手のプレーを見て、「あ、これはオレが言ったことを意識してくれたのかな」と感じたり、選手から「あれは憲剛さんが教えてくれたので」と言われたりすると、指導者としての喜びを実感します。短期間でそういう変化を見せてもらえることがあり、何か月も何年もかけて「変わったな」と気づかされることもあります。

選手は自分ですぐに変えられる、課題を解決できる。それに対して指導者は、選手の変化を待つ立場です。それが面白いところであり、少しもどかしいところかもしれません。

僕が関わっているのは、プロになりたいという明確な目標を持っている選手だけではありません。サッカーに純粋に打ち込んでいるけれど、プロになりたいという希望が固まっていない選手もいます。

人によってサッカーへの向き合い方は違うので、こちらの対応も個別的になります。一人ひとりの選手がどうしたいのか、どうなりたいのかを聞くようにしています。そのうえで、「こうしたほうがいいんじゃないか」、「ああしたほうがいいんじゃないか」

と、選択肢を提示するようにしています。選手が考える余地を必ず残してくれていた、オシムさんの選手へのアプローチを思い出しながら。

「考える」から始めよう

視線を世界へ移すと、サッカーがフィジカル重視になっています。データ分析も進み、AIも入ってきました。

ピッチの中ではフィジカルに優れた選手が、時間とスペースを削ることを最優先にして戦っている。これはJリーグも同じです。ボールを動かすよりも、ボールをハントすることが主流になってきている、と言っていいかもしれません。

サッカーの歴史を辿っていくと、突出した才能が出現することでディフェンスが進化し、それを打開する才能が登場し、それに対して新たなディフェンスの方法論が編み出される――そうやって「個人」も「組織」もバージョンアップを繰り返しています。フィジカル的なタフネスや激しさが強く求められている現在は、時代の移行期なのかもしれません。

ヨーロッパのサッカーを見ていると、ボールを保持するチームが勝っています。

23―24シーズンのチャンピオンズリーグを制したレアル・マドリードしかり、ユーロ2024で優勝したスペイン代表しかり。ディフェンスが進化していっても、守り切るだけでは難しいのでしょう。代表チームの場合、活動期間が限られるので守備を作り込めないところがありますが、特別な才能を持った選手が輝く余地は、現代サッカーにもあるのでしょう。

誰にでも必ず才能はあります。**「考える」ことがいかに自分にプラスになるかを自覚して、とことんまで「考える」ようになれば、まずそれが才能になる。そこから、かけ合わせられる才能を増やしていく。**一つひとつの才能は小さくても、二つ、三つ、四つと増やしていければ、結果的に「自分はこのやり方で勝負できる」という方法が見つかるはずです。

ひとつひとつの才能が飛び抜けていなくても大丈夫です。かけ合わせることで、足し算ではなくかけ算で才能は大きくなります。才能の個数に制限はありません。いくつでもいいのです。人と比較することには意味がありません。可能性は平等です。「いや、それは無理だよ」と周囲に言われても「無理じゃない」と思えば前に進めます。他人ではなく自分の意志が大切なのです。

誰でも「考える」ことはできるはずです。**まずは「考える」から始めてください。**自分だけの才能のかけ合わせを見つけて、そこから先は――。自分の期待する自分、自分が望む自分になれるはずです。

構成
戸塚啓

カバーイラスト
阿部伸二（カレラ）

帯写真
鈴木七絵

装丁
征矢武

DTP
エヴリ・シンク

中村憲剛（なかむら・けんご）

1980年10月31日、東京都生まれ。東京都立久留米高等学校を卒業後、中央大学に進学。4年時は主将として関東大学サッカーリーグ2部優勝を果たし1部に復帰。2003年、テスト生として参加していた川崎フロンターレに正式加入し、04年にトップ下からボランチへコンバート。この年、J2で優勝し、J1に昇格した。06年、A代表に初選出される。同年、Jリーグベストイレブンにも選出され、以降5年連続を含め、計8回ベストイレブンに選出。10年、南アフリカワールドカップに出場。16年、歴代最年長の36歳でJリーグ年間最優秀選手賞を獲得した。21年に現役引退。国際Aマッチは68試合出場6得点。

才《さい》能《のう》発《はっ》見《けん》

「考《かんが》える力《ちから》」は勝《しょう》利《り》への近《ちか》道《みち》

2024年12月10日　第1刷発行

著者
中《なか》村《むら》憲《けん》剛《ご》

発行者
松井一晃

発行所
株式会社 文藝春秋
〒102-8008　東京都千代田区紀尾井町3-23
電話　03-3265-1211（代表）

印刷所・製本所
光邦

ISBN978-4-16-391929-4